"互联网+"时代

电子商务信任管理模型创新研究

◎ 俞新武 屠盈盈 著

中国原子能出版社
China Atomic Energy Press

图书在版编目（CIP）数据

"互联网+"时代电子商务信任管理模型创新研究／
俞新武，屠盈盈著 . -- 北京：中国原子能出版社，
2021.4
　　ISBN 978-7-5221-1316-6

Ⅰ.①互… Ⅱ.①俞… ②屠… Ⅲ.①电子商务－信
用－研究 Ⅳ.① F713.36

中国版本图书馆 CIP 数据核字 (2021) 第 054499 号

内容简介

本书以"互联网+"时代的电子商务信任模型为研究对象，分析"互联网+"时代电子商务中信任的主观意图、信任的建立路径以及传统 PKI 假设的信任管理模型，并对未来电子商务信任管理模型提出构想，对从事电子商务、互联网等方面工作的研究者与从业人员具有学习和参考价值。

"互联网+"时代电子商务信任管理模型创新研究

出版发行	中国原子能出版社（北京市海淀区阜成路 43 号　100048）
策划编辑	高树超
责任编辑	高树超
装帧设计	河北优盛文化传播有限公司
责任校对	冯莲凤
责任印制	潘玉玲
印　　刷	三河市华晨印务有限公司
开　　本	710 mm×1000 mm　1/16
印　　张	11.75
字　　数	210 千字
版　　次	2021 年 4 月第 1 版　　2021 年 4 月第 1 次印刷
书　　号	ISBN 978-7-5221-1316-6
定　　价	59.00 元

　　随着互联网进入成熟发展阶段，电子商务取得了飞速发展，越来越多的企业和用户认识到网上交易、网上购物带来的方便、快捷以及商品的价格优势，尤其是在 C2C 网上交易中，商品价格要比其他渠道的商品价格低得多，越来越多的人选择这种区别于传统模式的新型交易与购物方式。可以说，电子商务已渗透我们生活的每一个角落，拥有广阔的发展前景和巨大的上升空间。但是，由于互联网的开放性，任何人在任何时间、任何地点都可以在网上发布消息、出售商品，因而信息的发布比较混乱，用户难以辨认真假。一些用户因为遭受不法卖家的恶意欺骗而购买到一些假冒伪劣商品，一些用户的网上银行账户遭窃而损失惨重，还有一些用户由于缺乏经验而无法买到称心如意的商品。相比西方国家，我国还没有建立完善的社会信用体系，公众的信任感普遍较低。电子商务的信任问题和安全问题已经成为阻碍中国电子商务进一步发展的瓶颈。从技术上讲，电子商务网络环境多为 P2P 网络，充斥着各种风险和不确定因素，可以说电子商务信任问题是决定网上交易成功与否的关键因素。因此，信任机制在电子商务中的保障安全作用受到了许多研究人员的关注。如何将人际关系中的信任概念合理恰当地引入电子商务网络中，怎样设计出一个符合实际需要的信任模型来保证节点与节点之间交互的可靠性，以及如何引入信任管理技术来管理网络中节点与节点之间的信任关系，都是亟待解决的问题。

　　本书属于电子商务信任管理方面的著作，由电子商务与电子商务信任概述、"互联网+"时代电子商务信任管理的形式模型创新研究、基于真实应用环境的 PKI 信任管理模型、基于贝叶斯网络的电子商务信任管理模型创新研究、基于声誉的电子商务信任管理模型、电子商务在线信誉反馈系统有效性分析与对策几部分组成，对电子商务、互联网等方面的研究者与从业人员具有学习和参考价值。

全书共六章，由俞新武、屠盈盈合著，共约 21 万字。其中，前言、第一章至第四章由浙江万里学院俞新武撰写，约 13 万字；第五章至第六章由宁波财经学院屠盈盈撰写，约 8 万字。

由于时间仓促和水平所限，书中难免存在一些不足之处，恳请广大读者批评指正。

目录

第一章　电子商务与电子商务信任概述 ……………………………001

　　第一节　电子商务概述 ………………………………………… 001

　　第二节　电子商务信任管理基本理论 ……………………… 004

第二章　"互联网+"时代电子商务信任管理的形式模型创新研究 ………013

　　第一节　电子商务信任管理形式模型综述 ………………… 013

　　第二节　电子商务环境下信用机制模型构建 ……………… 020

　　第三节　电子商务系统的实体模型分析 …………………… 041

　　第四节　不同信任管理形式模型探究 ……………………… 043

第三章　基于真实应用环境的 PKI 信任管理模型 ………………046

　　第一节　Maurer 模型与创新 ………………………………… 046

　　第二节　PKI 信任模型设计 ………………………………… 048

　　第三节　信任模型描述与应用 ……………………………… 050

　　第四节　信任概率模型与非集中式证书信任模型 ………… 056

第四章　基于贝叶斯网络的电子商务信任管理模型创新研究 ………071

　　第一节　贝叶斯网络概述 …………………………………… 071

　　第二节　动态信任评估模型设计 …………………………… 075

　　第三节　动态信任评估模型分析 …………………………… 087

第五章　基于声誉的电子商务信任管理模型 ……………………096

　　第一节　现有基于声誉的电子商务信任管理模型 ………… 096

　　第二节　基于声誉的电子商务信任管理模型的创新分析 … 098

　　第三节　基于声誉的电子商务信任管理模型的原型实现 …107

第六章　电子商务在线信誉反馈系统有效性分析与对策 …………………118

　　第一节　电子商务信誉反馈系统框架 ………………………118

　　第二节　电子商务信誉反馈实证研究与分析 ………………128

　　第三节　提高信誉反馈的有效性对策 ………………………174

参考文献 …………………………………………………………177

第一章

电子商务与电子商务信任概述

第一节　电子商务概述

一、电子商务的概念

我们可以从狭义和广义两方面来理解电子商务的概念。狭义的电子商务是指各种具有商务活动能力的实体（如生产企业、商贸企业、个人消费者）利用网络和现代信息技术进行各种商务活动。该过程包括信息查询、询价谈判、电子合同订立、电子支付与认证、发货配送、售后服务和购买评估等一系列活动。广义的电子商务不仅包括企业与企业之间的商务活动，还包括企业内部的商务活动，如企业的采购、生产、管理、财务、营销等各个方面。本书的信任模型是针对狭义的电子商务提出的。

二、电子商务产生和发展的条件

电子商务产生和发展的重要条件有以下几点。

（一）计算机的广泛应用

近30年来，计算机的处理速度越来越快，处理能力越来越强，价格越来越低，应用越来越广泛，这就为电子商务的应用提供了坚实的基础。

（二）网络的普及和成熟

由于 Internet 逐渐成为全球通信与交易的媒体，全球上网用户呈几何级数增长，快捷、安全、低成本的特点为电子商务的发展提供了应用条件。

（三）信用卡的普及应用

信用卡以其方便、快捷、安全等优点成为人们消费支付的重要手段，并由此形成了完善的全球性信用卡计算机网络支付与结算系统，使"一卡在手、走遍全球"成为可能，同时为电子商务中的网上支付提供了很大方便。

（四）电子安全交易协议的制定

1997 年 5 月 31 日，由美国维萨（VISA）和万事达卡（MasterCard）国际组织等联合制定的 SET 协议（Secure Electronic Transfer Protocol），即电子安全交易协议的出台，为开放网络上的电子商务提供了安全的环境。

（五）政府的支持与推动

自 1997 年欧盟发布欧洲电子商务协议、美国随后发布"全球电子商务纲要"之后，电子商务受到世界各国政府的重视，许多国家政府开始尝试"网上采购"，这为电子商务的发展提供了有力的支持。

三、电子商务的功能

电子商务可以使掌握信息技术和商务规则的企业和个人利用各种电子工具和网络，高效率、低成本地从事各种以电子方式实现的商业贸易活动。从功能方面看，可以把电子商务分为三个层次或 3S，即 show（展示）、sale（交易）和 serve（服务）。

（一）show（展示）

Show 即提供电子商情，企业以网页形式在网上发布商品和其他信息，以及在网上做广告等。通过网上的展示，企业可以树立企业形象、扩大知名度、宣传产品以及寻找新的贸易合作伙伴等。

（二）sale（交易）

Sale 即将传统形式的交易活动的全过程在网络上以电子方式来实现，如网上购物等。对于企业来说，通过网络可以完成交易的全过程，扩大交易的范围，提高交易的效率，降低交易的成本，从而获取经济和社会效益；对于个人来说，网络购物比传统购物更方便，选择的余地更大，价格也更便宜，消费者坐在家中就可完成购物。

（三）serve（服务）

Serve 即企业通过网络开展的与商务活动有关的各种售前和售后的服务。通过这种网上的服务，企业可以完善自己的电子商务系统，巩固原有的客户，吸引新的客户，从而扩大企业的经营范围，获得更大的经济效益和社会效益。

四、电子商务的特点

电子商务与传统商业不同，其优越性是显而易见的。通过网络，企业不仅可以直接接触成千上万的用户，精简商业环节，降低运营成本，提高运营效率，增加企业利润，还能随时与遍及各地的贸易伙伴交流合作，提高产品竞争力。与传统商务形式相比，电子商务具有以下特点。

（一）市场全球化

凡是能够上网的人，无论是在南非还是北美，都被包容在一个市场中，都有可能成为上网企业的客户。

（二）交易快捷化

电子商务能在世界各地瞬间完成信息传递，加快了交易速度。

（三）交易虚拟化

双方从开始洽谈、签约、订货到支付等环节无须当面进行，仅通过计算机互联网络即可完成，整个交易完全虚拟化。

（四）成本低廉化

通过网络进行商务活动的信息成本相对较低，不仅足不出户就可完成交易，节省交通费，更无须中间商参与，大大减少了交易环节，整体的活动成本大大降低。

（五）交易透明化

电子商务中双方的洽谈、签约，以及货款的支付、交货的通知等整个过程都在网络上进行。通畅、快捷的信息传输可以保证交易透明化。

（六）交易标准化

电子商务的操作要求按统一的标准进行。

（七）交易连续化

任何人都可以在任何时候在网上查询企业信息，寻找问题的答案。企业网址成为永久性的地址，为全球用户提供不间断的服务。

第二节　电子商务信任管理基本理论

一、信任的概念

当前，研究者已将信任的概念引入各个学科中，但不同学科对信任概念的定义不尽相同。心理学、社会学、进化生物学、哲学、计算机科学、经济学等学科领域的研究人员都在各自学科理论知识的基础上对信任的类型、性质功能及机制进行了描述。

一些研究者以社会心理学、经济学的知识为基础，不是从交易中节点与节点之间的信任关系的角度定义，而是重点强调电子商务中节点与节点之间的信任角度对信任进行定义，如将信任定义为一个建立在对某个个体的某个特别特征看法上的信念；信任的本质从不同的角度看是不同的，虽然信任是人类社会关系的一个主要因素，但是不同的人对信任的定义是不相同的，因此信任没有一个统一的概念；还有人认为虽然信任主体认为事情会按照自己期望的方向发展，但是其也预料了可能发生的其他结果，因此信任其实是一个怀疑的心理活动。在电子商务领域中，许多研究人员大都认同的一个信任的定义，就是主体对客体将完成的特定的行为的期望，并且主体愿意接受客体行为所带来的损害。

但是，在计算机科学领域，特别是计算机人工智能领域，信任有三个非常重要的特点：①内容相关，即主体的期望是对客体的某个具体行为而言的，不是一个整体的评价；②主观性，即主体对客体的倾向是极为主观的，不同的主体对同一客体的同一行为可能有着极为不同的期望；③可能性，主体对客体的信任程度反映了客体的某个行为发生的可能性。

各个领域中研究者对信任的不同定义可总结为以下三种：①个人信任。在一定条件下，在没有合同、法律、道德等的保证下，主体相信客体会执行某个行为。②计算信任。在经济学领域中，人们都是通过理性的计算来得到进行一次行动的两方的信任是产生还是破坏，因此这个概念完全是从经济学角度出发的。③制度信任，即在法律制度或道德规范的约束下，客体所履行的守信行为。

二、信任的分类

在现实社会中，我们时时刻刻都在与周围人进行直接或者间接的交流或行为互动，我们根据自己以前与某人直接或者间接的交互经验或者我们所信任的人对该人的推荐决定对某人的信任程度。在这方面，我们主要是以社会网络的主要特征为基础的。而对行为信任的研究发现，可以将电子商务中节点与节点之间的信任关系分为以下三种：①直接信任。直接信任就是指在主体与客体之间有直接交易的情况下，主体根据客体过去在交易过程中的可靠度来决定对客体的信任程度。②间接信任。间接信任即主体与客体之间以往无直接交易经验或者相互之间交互经验较少而不足以对客体的信任程度做出评价，在这种情况下，主体就会给自己所信任的其他节点发询问信息，通过其他节点提供的信任信息，再对客体的信任进行判断。电子商务系统中存在直接信任关系的节点非常少，因此为了将网络中的节点与节点连接起来，间接信任是非常重要的，而间接信任是由其他节点提供的信任客体节点的信任信息计算出来的，也就是由其他节点共同评价的结果。③投票信任。关于客体的信任信息，是否应该采用其他节点提供的信息，主体节点也需要关心其他节点的信任程度，即其他节点提供的信息的可信程度，这个信任就是投票信任。

从图 1-1 可以看出，A 与 B 之间、B 和 C 之间都有直接交易的经验，所以它们之间的信任关系是直接信任关系；A 与 C 之前没有直接交易的经验，如果 A 节点想了解 C 节点的信任情况，只能通过其他节点的投票情况得知：图中表示通过 B 节点的投票了解 C 节点，所以 A 和 C 之间的信任关系是间接信任关系，而 A 对节点 B 提供的投票信息的信任度就是 A 节点对 B 节点的投票信任关系。

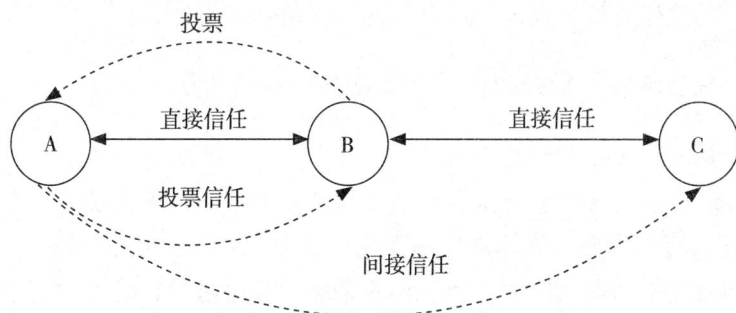

图 1-1 直接信任、间接信任与投票信任

三、信任的属性

信任属于社会现象的一种。在信息科学领域，人类社会的信任概念是信任模型的基础。信任的属性可归纳为以下几点：

（1）信任只有在两个节点间才存在。

（2）信任分为不同的程度等级，如采用模糊语义变量或者通过一个概率来表达。

（3）成立信任必须在一定的条件下，如可以信任医院提供医疗服务，但是无法信任医院可以提供其他的机械维修服务。

（4）信任的建立通常要以之前的经验为基础。实体在评估信任的过程中可以按照相似条件的经验进行。

（5）通过推荐可以扩大信任，传递推荐的信誉机制有助于其他节点做出决策。

（6）传递信任也是在一定条件下进行的，即要对信任推荐进行评估，充分考虑其推荐来源。

（7）信任带有强烈的主观性。对同一目标节点，不同节点的信任值可能不同。节点之间交易的数量、质量均是动态的，某一节点对交易结果的满意度无法采用统一的标准来度量，需要交易者凭主观感知进行最终决定。如果任务不同，对同一个信任值的处理结果就不同；如果交易非常重要，或者交易数额比较大，则要选择信任值相当高的节点。

（8）信任具有非对称性。

（9）信任不是一成不变的，而是呈现显著的动态性。各节点的信任值时刻都受到节点行为、时间以及其他因素的影响，随时可能发生变化。如果行为本身合法、诚信，其信任值就会提高，反之，其信任值就会有所降低。

四、信任管理模型研究的意义与研究中存在的问题

（一）信任管理模型研究的意义

信任管理作为实现信息安全的一条新路子，能解决许多传统的安全技术解决不了的问题。信任管理与具体的应用系统结合方式各异，缺乏方法论上的指导，因此这种结合非常困难。同时，由于没有系统的方法指导，设计的信任管理模型存在一些不易发现的缺陷。

信任管理理论的研究有助于在开放环境下建立好的信任管理模型。信任管理建模技术的研究为安全技术应用于具体的 Web 应用程序中提供了方法论。电子商务信任管理模型对提高电子商务系统的综合安全水平、提高人们对电子商务系统的信任度、提高电子商务的应用水平以及为电子商务系统提供各种适用的信任管理方案都有重要的实践价值。

（二）信任管理模型研究中存在的问题

近几年来，尽管人们已经对信任管理模型进行了大量的研究，提出了很多信

任管理模型，扩大了信息安全的研究领域，解决了开放系统环境下信息安全管理的一些问题，但是综合前述信息管理的解决方案和国内外研究现状，尚存在以下问题需要研究。

1. 初始信任值的确定办法研究

信任值表达了信念，因此是信任管理的核心，通常用概率来表示。但是，指定主体的信任初始值是一件非常困难的事情，尚未得到很好的解决。当人们第一次接触一个网站，如一个网上看病的网站，或面对新的交易伙伴时，常存在初始信任值的问题。人们需要考虑对信息源的最初信念、对信息提供者的最初信任等问题。这些问题又直接决定了信任管理模型的效用。研究的任务就是建立一种情景分类学，在每种情景中能使用主观信任值，那么只要给出领域的上下文就能较准确地标识初始信任值。当不能完全自动地确定初始信任值时，有必要研究一种机制，通过系统和用户的行为尽快达到用户实际的信任值。

2. 信任的传递性研究

信任的一个特点是不可传递。但是，在日常生活中，人们通常能看到某种程度的信任传递。例如，信任朋友的朋友。如何能通过形式化的数学建模来表示和处理信任传递呢？主观逻辑提供了一种"折扣"的信任操作符，用于定量的传递信任，但是尚缺少实践检验或形式理论证明。需要通过研究回答以下问题："折扣"操作符多大程度上反映了人类关于信任传递的直觉？是否有关于信任传递的形式化证明方法？

3. 信任、经验和风险之间的关系和集成框架研究

直观上看，一笔交易越有风险，信任的倾向越低。同样，消费者与某一制造商过去打交道的经验越好，就越信任该制造商。这一假设是按社会学的标准提出的。但是，在信任与风险、信任与经验之间是否存在某种关系？这些关系的本质是什么？风险水平的增长是否是信任水平增长的几倍？这些概念之间是否有线性或多项式级的关系？是否可能表达这种关系？另外，从消费者的角度看，垄断的出现常常迫使消费者不考虑存在的风险或过去的经验而信任商家。偏爱风险的人经常采用更有利可图的路径，尽管这种路径不符合人们降低风险的需要。有必要研究以下问题：是否可以用数学方法表达这些关系？这些关系的本质是什么？市场力量和人类本质是如何影响这些关系的？在此基础上，研究一种机制能将它们综合到一个管理模型中。

4. 综合主观信任的 PKI 机制研究

公钥基础设施（PKI）作为电子商务的基础设施，在电子商务信任中并没有发挥出人们原来所预期的效果。除了法律方面的原因外，还在于传统的 PKI 技术

将人的主观信任排除在外，过分依赖证书的作用。我们有必要研究合适的信任机制，将商务者的主观信任与证书的验证结合起来。这种机制应建立在传统 PKI 技术之上，是传统 PKI 信任机制的扩充。

5. 恶意实体合谋妨碍声誉机制的防御机制

在分布式环境下，若干个恶意实体常常能联合起来贬低别人的声誉，或互相吹捧以非正常地抬高自己的声誉。这些对整个虚拟社区的信任机制是非常有害的。如何抵抗这种图谋是信任管理模型应该考虑的问题。

6. 保险在信任管理中的作用和方式研究

在现实世界中，保险常用于减少金融风险。保险能用作风险减少机制，因此也可当作信任增强机制。实践中，将保险用于分布式系统早就存在了。但是，当前基于保险的解决方案主要集中在公钥体系结构 PKI 中，还没有使用或包括任何电子商务信任管理机制。如果对电子商务附加一定的保险机制，信任关系也许能够建立起来。但是，对于电子商务顾客来说，以下问题是必须研究的：有多大的动机将保险综合到信任管理模型中？采用保险后将引起哪些信任问题？如何处理保险协商、修改和执行？电子商务保险的费率应该如何计算？

五、电子商务信任的形成机理

（一）相关理论

1. 社会交换理论

社会交换理论是 20 世纪 60 年代兴起于美国进而在全球范围内广泛传播的一种社会学理论。这一理论主张人类的一切行为都受到某种能够带来奖励和报酬的交换活动的支配，因此人类一切社会活动都可以归结为一种交换，人们在社会交换中所结成的社会关系也是一种交换。社会交换理论由霍曼斯（1961）创立，主要代表人物有布劳（1964）、埃默森（1964）等。布劳的社会交换理论对社会交换的定义、条件、特征、原则、过程、社会交换与权力、社会交换与宏观结构以及社会交换中出现的不平等与异质性进行了系统的分析，形成了社会交换理论从微观向宏观的过渡。他认为，社会交换关系存在于关系密切的群体或社区中，建立在相互信任的基础上。社会交换是一种有限的活动，它指个人为了获取回报而又真正得到回报的自愿性活动。布劳还区分了经济交换与社会交换、内在奖赏和外在奖赏的差别，引入了权力、权威、规范和不平等的概念，使交换理论在更大的范围内解释社会现象。

社会交换理论以代价、报酬和信任为核心，强调参与社会活动的行为人在当期的社会成本收入一定会换取未来在经济上，更在感觉、观点、情感、支持、认知等方面的社会回报。

2. 理性行为理论

理性行为理论（TRA）在不同的研究领域得到了广泛应用。这一理论假设的前提是人们的行为是理性的，各种行为发生之前要进行信息加工、分析和合理的思考，一系列的理由决定了人们实施行为的动机。理性行为理论是一个社会心理模型，它是关于有意识的意图性行为的决定因素方面的研究。这一理论能够解释人们的大部分行为。

理性行为理论针对人的认知系统，阐明了行为意图、行为态度和主观规范的因果关系，其基本框架如图 1-2 所示。

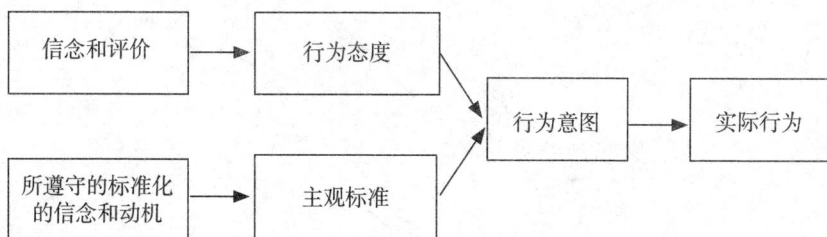

图 1-2　理性行为理论框架

由图 1-2 可以看出：一个人的实际行为受到行为意图的影响，而行为意图由行为的态度和主观标准共同决定。态度依次由个人的信念和评价决定，而主观标准由所遵循的标准化的信念和动机决定。行为意图是对一个人打算执行某项行为的意向的一个测量；行为态度是指一个人在执行某项行为时的积极或者消极的感受；主观标准是指一个人感知的对他重要的大部分人认为他应该或不应该执行某项行为。该理论隐含着一个重要的假设：人有完全控制自己行为的能力。

态度代表一个人对某一刺激物的喜好或讨厌的情感。如果一个人对某一行为的态度是积极的，那么他的行为意图会加强，反之则会减弱。一个人对某一行为的态度受到他关于执行这一行为所产生结果的信念的影响，也受到对这些结果的评价的影响。在理性行为理论模型中，主观标准指一个人对于他所认为重要的人认为他应该做什么或不应该做什么的感知，由所遵守的标准化信念和动机决定。

3. 计划行为理论

考虑到消费者有时不能完全控制自己的行为，一些学者在理性行为理论基础上对该理论进行了优化和延伸。美国心理学家（阿耶兹）（1985）在理性行为理论基础上提出了计划行为理论（TPB），以提高模型预测行为的能力。TPB 的实质是分析影响行为的因素、预测行为意向并试图解释人类行为决策过程的社会认知理论，其中心目标是建立影响个人行为的关键因素与途径。由于个人对行为的意志控制程度往往受到时间、金钱、信息和能力等诸多因素的影响，所以理性行为理论对不完全由个人意志所能控制的行为无法给予合理的解释。计划行为理论构架如图 1-3 所示。

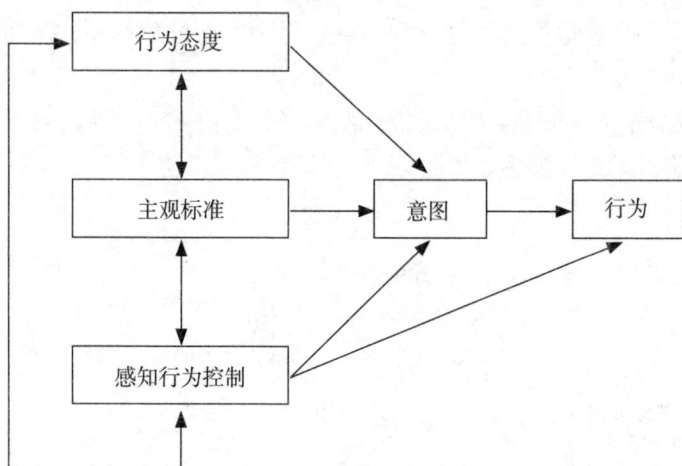

图 1-3　计划行为理论框架

TPB 为研究复杂的个体行为提供了一个有用的理论框架。大量研究发现，态度对行为的主观标准和感知行为控制可以预测行为意向，意向和感知行为控制可以解释大比例的行为变量。计划行为理论是近年来市场营销学中对消费者理性消费行为进行分析的重要理论。自 20 世纪 90 年代以来，该理论被广泛应用于市场营销实践，在新产品市场投放、消费者态度转变、品牌建设等方面取得了显著的效果。许多电子商务信任的研究者在自己的研究中借鉴了计划行为理论并对在线商务环境信任的建立进行了深入研究和讨论。

（二）信任的形成机理

生活中的信任无处不在。当我们借钱给熟人时，当我们与他人进行货币交易时，当我们在和他人进行合作时，信任都在发挥作用，我们无意识地、随时地将自己的信任付诸他人。祖克尔（1986）提出了建立信任机制的三种模式，分别是基于特征、基于过程和基于制度的信任建立机制。下面分别就这三种模式进行说明。

1. 基于特征的信任

基于特征的信任也称人际信任，是由先天因素或后天关系决定的信任。先天因素是指如血缘关系、亲戚关系、宗族关系、共同的文化背景等与生俱来的非本人因素决定的关系；后天关系如同学关系、朋友关系。先天因素和后天关系有时会发生互动，如"亲戚关系"总体来看是先天因素决定的，但是我们也可以通过所谓的"姻亲""认干亲""拜把子"等后天因素来获得类似身份，有些学者称之为"拟亲"。基于亲缘的信任关系是最基本的信任关系。总体来看，基于特征的信任是以个人因素和私人关系为基础，是根据对他人的可信程度的理性考察和他人情感联系而产生的信任。

产生这种信任的机制是社会性的机制，即通过人们拥有的相似特征社会化而产生彼此间的信任，而且这种信任无法通过深思熟虑产生。一般而言，相似性越多，信任度越高。因为相似的社会背景往往意味着有相近的行为规范，容易相互理解，在交往或经济交换中容易达成共识，如我们会基于老同学的品德和能力做出判断，借钱给张三却不会借给李四。

在首属群体关系中，信任的内容主要以感情为主，人们会依据相互之间心理情感亲密认同的差序来决定交往关系和信任关系。而在次属群体关系中，信任的形成主要是以认知，即以特征分析为基础的，如我们会基于一种长期交往对甲的人品、偿还能力的了解来决定是否会借钱给他。

2. 基于过程的信任

基于过程的信任基本观点如下：交换双方的信任不是一蹴而就的，而是在双方的交往过程中，不断获得有关信任的信息逐步积累形成的，是一种理性的认知过程。信任是随着时间和经验的积累逐步建立起来的，是认知的过程。这不仅适用于企业之间，也适用于消费者与企业之间。

基于过程的信任认为信任是在双方交往的过程中建立起来的，如消费者对某商店的信任源于其与商店的互动，即从进入商店到购买完离开商店的整个过程与商店售货员的互动等。基于过程的信任研究将信任看作一个认知的过程，可以通过外部的信息来建立。有用的信息和正当的理由是建立信任的基础。

信任不是静态的。社会交换理论认为，信任是双方在互动交往过程中逐步建立起来的。因此，在交易关系的前期或初期，由于双方交互较少，仅仅限于少量的信息交换，此时消费者对商家的信任程度非常低。但随着双方关系的持续以及消费者所掌握的商家信息越来越丰富，他将逐渐发现能够在物质或情感方面满足需求的对象，并对其进行筛选和抉择。因此，从社会交换理论的角度看，信任的建立与发展是一种基于过程的演化机制。

基于过程的信任与过去或期望的交换有关，如声誉和品牌名称。基于过程的信任建立机制强调声誉、承诺在信任建立中的作用。前者表现的是过去互动交往的反馈积累，后者则激励当下和未来的互动交往。

3. 基于制度的信任

基于制度的信任建立机制与广泛的社会制度和中间机制有关。基于制度的信任有两类：一类是通过如社交圈的成员关系或者第三方保证形成的；另一类是通过中间机制如保险和法律规范等产生的。

制度信任具有普遍性。现代市场经济本质上是一种交换经济，人们为了在交换行为中获取尽量多的利益，就要与大量的不同的人接触，通过各种方法在更大范围内寻求合作伙伴，建立各种组织。这样，人与人之间更多地呈现出业绩关系，而不仅仅是血缘和亲缘关系，不仅信任亲人和熟悉的人，还对大量的陌生人给予普遍信任。制度信任以外在的制度体系作为保障。现代社会个体间的互动和交往中介环节不断增多，时间链条不断扩大，在很多情况下，个体间的互动突破了时空限制，往往不是面对面的交往，人们无法再以过去的交往经验和众人的口碑来判断交往对象是否可信，也无法再依赖乡俗等约束力作为行动选择的尺度，只能依靠现代制度降低信任风险。各种规则、法规、制度等直接作用于人们的行为方式和交往活动，能够将行为者的行为方式和交往方式规范化和模式化，为个体间的互动交往提供基本框架，人们以此为尺度，不但可以开展自己的活动，而且可以理解、预期和把握他人的活动，以实现与他人和社会的互动。

制度信任能够减少现代社会中行为的不确定性，增强行动的可预测性，降低信任的风险，从而促进普遍的社会交往，扩大信任的范围，使在任何个人、组织、国家之间建立广泛的信任成为可能。制度信任从根本上说是强制性的，是以外在的形式主义规则来维系社会交往主体之间的信任关系。

第二章

"互联网+"时代电子商务信任管理的形式模型创新研究

第一节 电子商务信任管理形式模型综述

消费者对电子商务交易的总体信任感来自对卖方的能力、善良及忠诚的信任，其对购买决策的产生具有决定性的影响。基于信任建立模型（TAM），提出了一种以站点为导向的模型，并认为站点使用难易程度将通过影响顾客在线购物态度及网站预期用途，最终影响顾客的在线购物意向。研究者研究了人性化网站设计、产品参数对信用建立的影响，提出人性化网站设计可以建立顾客对实体产品的信用，但不能建立对图形产品的信用。把 TAM 用于电子商务的信任研究的结果表明：客户感知的可用性能够影响客户使用意图；客户感知的易用性会影响客户对销售方的信任程度。通过实验证明了网站的信任传递理论，即顾客对网站的信任是可以被传递影响的，这一理论虽不够完善，但为电子商务环境下信用的构建开拓了思路并提出信念强化模型，基于计划行为理论、社会心理学、消费者行为、管理学等相关理论，把页面的设计特征分为促销、服务、外部个人资源、导航及易用性、购买便利性五个方面，并通过实证研究表明设计特征能够加强用户的信念，从而通过对态度的影响导致其行为的变化。另外，将初始信任分为信任动机（依赖网络商家的意愿）、对网络商家的信任信念。影响初始信任的因素包括感知商家声誉、感知站点质量、网络的结构性保障，网络的结构性保障影响感知风险，初始信任及感知风险将影响消费者行为动机，行为动机则包括听从商家建议的动机、同网络商家共享个人信息的动机、从站点购买的动机。宋光兴、杨德礼认为电子商务信任可分为技术信任、交易信任，并提出了建立信任的若干途径，包括法律、技术、社会等。严中华等研究了 B2B 环境中制度信任的问题，认为制度信任包括结构保证、促进条件、情境规范三个维度。黄孝武分析了企业间信任的类型及建立的五种途径，包括计算、预测、动机、能力、转移途径。

一、相关基本概念分析

信任可以看作自然选择的结果，根据达尔文的进化论，自然将选择适应者，淘汰不适应者，这种适应者不仅可以指生物，还可以应用到社会机制上，适应社会发展的机制将被保留并不断发展，不适应社会发展的机制则会被淘汰。信任起源于血缘，动物界中，父代良好养育子代幼儿的物种得到繁衍发展，群居的动物互相信任，得到了快速的发展；父代没有很好养育子代幼儿的，喜欢独立生活的动物，往往得不到快速发展，有些甚至灭绝，这都是自然选择的结果。信任可以看作在群体生活中对合作的一种最优策略。

信任最初表现为简单的信任、个体对个体的信任、血缘信任、子代幼儿对父代的天然的信任，进而发展为对血缘同代的信任，并且在信任中获得利益，强化了对信任这一策略的选择，同时自然选择淘汰了那些因缺乏信任而不适应生存的物种，并强化了信任的作用。于是，在自身选择和自然选择的双重作用下，信任成为血缘群体生活或者合作的基础策略。个体对另一个体的信任是个体之间的信任，是最基本的信任。最原始的信任是血缘的信任，子代幼儿对父代的信任是最原始最基本的个体信任。

在动物和人类成年以后，在血缘的群体生活或者非血缘的群体生活中，通过重复的合作博弈，做出理性的最优策略——合作。这种合作信任脱离了父代对子代天然的承诺，而是在重复合作博弈中建立的后天的契约的承诺。这种后天契约出现在文字之前，甚至语言之前，是群居的动物和人在合作时达成的一种默认的共识约定。

信任体系越来越复杂化，一对一的两个个体之间的信任在重复博弈的情况下，欺骗只能存在一次，因此信任更容易产生。两个人合作产生的收益大于单独行动的收益之和，但是收益分配有可能不公平，如一方独吞收益，就会产生不信任，从而使合作不能继续，也就是说一次性合作或者博弈中，背约或者不履行契约可能获得比履约更多的好处，这是为什么有背信弃约存在的原因。

当群体增大时，一个个体可以跟更多的个体合作，而当这个群体是一个很小的范围时，一个人可以背信弃约的人数就有限，长期而言，一个经常不履约的人会在氏族或者村庄里被摒弃，而遭受比其背约获利更大的损失。这成为信任存在的天然的规范力量，也是早期信任被一个氏族和村落广泛接受并被大多数人遵守的原因。这就是小社会或者熟人社会的信任。一个人与一个人或者少数几个人进行 n 次（多次）重复合作或者博弈。

当群体继续增大，国家出现，人口数增加到几百万、几千万、几亿的时候，人体之间的背约就很难被发现。一些人会通过跟不同人进行一次性合作或者博弈，之后背约或者欺骗来获取利益，典型的表现为流动诈骗犯和旅游景点的欺诈行为。这就是大社会或者陌生人社会的信任。一个人与 n 个人（很多人）进行一次性合作或者博弈。

另外，由于社会群体的扩大，一个人有机会跟很多人合作，所以需要对和哪个人或者哪些人合作进行筛选，这需要对将要合作的对方进行评价，主要是合作预期获得的收益，通过对将要合作的主体的能力和诚信的评估，确定其履行契约的能力，从而尽量确保能够获得预期的收益。

促进经济发展本质上就是促进更多信任合作，所以选择合作对象是首要的问题。这就需要进行信任合作的风险性评估，主要是对合作对象的履约能力的评估，即信用。信用是一个人能够履约的能力，或者一个人能够履约的期望值。从履约能力角度，可以考虑两个维度：诚信度（h）和履约能力（c），信用值 $=hc$。

信任是在两方或者多方合作中，个体对他人的承诺（契约）的普遍可靠性的信念。信任是任何社会合作的基础，它是社会复杂性的简化机制。

信用是个体对自己的承诺（契约）的履约能力，属于经济范畴。

诚信是个体对自己的承诺（契约）的履约意愿，属于道德范畴。

信誉是他人对一个个体品质长期的评价。

信任体现为一种人与人之间的关系状态，信用体现为一个个体的能力属性，诚信表示一个人的诚实的意愿，信誉是其他人对一个个体信用的看法。这几个概念都围绕"信"这一基本概念，因为信用在这几个概念中居于核心地位，通常可以认为这四方面共同构成信用体系。

二、信任管理模型研究现状与意义

早期的信任管理模型是围绕 PKI 有关的一些技术进行的，如对于电子商务交易协议（SSL、SET）等协议的分析，此时的信任研究主要是信任关系的验证，信任管理与安全管理是混在一起的，并没有从安全管理中独立出来。因此，关于这方面的介绍，本书不涉及。后来在布雷泽提出将信任管理的概念从信息安全中独立出来后，才出现信任管理的研究高潮。此时，另一方面用新的思想来研究

PKI，一方面讨论信任本身的含义及电子商务中的信任问题。关于研究的对象，除了传统的 PKI 外，近两年来主要集中在 P2P 的框架以及虚拟电子商场等方面。

（一）国外信任管理模型的研究现状

1. Friend-Of-A-Friend（FOAF）

利用 FOAF 的扩充表达信任。网络上的主体构成一个社会网络，将信任看作一个人在某一主题下的可信度和可靠性。每个用户赋予三个度量指标：最小容量的路径层次、最大容量的路径层次和加权平均容量路径层次。通过计算每条路径的网络流量来决定计算最小和最大容量路径。在给定路径上，信任源能给予的信任最大量限制在不大于沿着该路径上边的最小权。

2. PeerTrust

这是基于声誉的信任管理模型，主要强调对等网络中的电子商务应用。其网络计算模型为 P-Grid。

3. P2PRep

这是基于声誉的信任管理模型，用于文件共享的对等网络，采用投票表决的方式评估文件提供方的声誉，以不同投票方的信任度估算提供方的可信度。投票传输时采用公钥加密，进一步提高了系统的安全性。

4. SECURE

这是一个欧盟研究项目（IST-2001-32486），主要研究如何建立一个适于普适环境下漫游的实体的安全环境。其中心任务是开发一个可计算的信任模型，该模型将为信任的推理和可验证的安全策略的部署提供形式化基础。同样，它试图理解信任如何在系统形成、进化和应用，信任管理算法如何能够方便地适用于范围广泛的不同应用。通过形式化模型来理解信任，进而表达上述要求，也有助于理解信任作为一种嵌入在模型中的安全决策制定的可行基础。

5. TrustBuilder

这是目前谈判研究领域中一个重要的方法。为了实现在多个安全领域间的交互，TrustBuilder 信任管理系统通过逐渐暴露数字凭证，在陌生人之间建立信任关系。

6. Trust-X

这是对等网络中的信任建立框架，也是一个基于协商的信任管理模型。

7. P2P 系统中信任与声誉问题

这是美国斯坦福大学计算机系的博士生毕业论文，重点研究 P2P 系统中的信任与声誉机制。

8.网络口牌

它是 MIT 的 Dellarcas 教授领导的一个小组，专门研究口牌与声誉机制。

（二）国内信任管理模型的研究现状

1.基于模糊集合理论的主观信任管理模型研究

北京大学的唐文等研究了开放网络环境中基于模糊集合的主观信任管理模型，考察了主观信任的模糊性，运用模糊集合理论对信任管理问题进行了建模，引入模糊集合理论中隶属度的概念来描述信任的模糊性，并定义了信任向量作为信任的度量机制，提出了运用概念树来描述和定义信任类型的方法，定义了主体信任的形式化表示，并提出了信任关系的推导规则，构造了一个完整的主观信任管理模型。

2.软件服务协同中信任评估模型的设计

南京大学的徐锋等面向基于 Web 的多个软件服务组成的软件服务协同系统，从解决软件服务之间的信任问题的角度，提出了一个信任评估模型，用于度量软件服务间的信任关系。在模型中，信任被抽象成一个由信任评估主体对客体的主观期望和客观经验共同作用的函数；该模型还提供了一个合理的方法用于综合直接经验和第三方推荐经验。该信任评估模型强调了合理性和可操作性，可为软件服务之间的协同与安全决策提供依据。

3.构造基于推荐的 P2P 环境下的 Trust 模型

国防科技大学的窦文等针对文件共享等对等网络环境中节点间的信任关系的困难，参考人际网络中基于推荐的信任关系建立方法，分析了现有模型的迭代收敛性、冒名、诋毁等方面存在的问题，提出在节点推荐的基础上建立 P2P 环境的信任模型，给出了模型的数学分析和分布式实现方法。

4.普适计算领域中的基于信任云的信任管理模型

北京航空航天大学的何瑞等针对普适计算领域实体间信任关系的不确定问题的处理，提出了一个基于云理论的信任管理模型，该模型将实体间的信任看作一片云，并定义为"信任云"，在信任云的基础上提出了计算弥漫信任云和聚合信任云的算法，通过信任云的弥漫和聚合实现信任的推理，还将该信任管理模型应用在基于信任的安全机制中。

总体来看，目前计算机科学领域中开展的信任管理研究主要集中在三个方向：基于声誉的信任管理系统、信任管理的形式化模型开发、建模方法论。但是，大部分研究成果都是介绍具体的信任管理模型，从方法论上系统介绍信任管理系统的研究较少看到。

（三）信任管理模型研究的意义

信任管理作为实现信息安全的一条新路子，能解决许多传统的安全技术无法解决的问题。由于信任管理与具体的应用系统结合方式各异，缺乏方法论上的指导，因此这种结合非常困难。同时，由于没有系统的方法指导，设计的信任管理模型存在一些不易发现的缺陷。

信任管理理论的研究有助于在开放环境下建立良好的信任管理模型。信任管理建模技术的研究为安全技术应用于具体的 Web 应用程序中提供了方法论。

面向电子商务的信任管理模型研究对提高电子商务系统的综合安全水平、提高人们对电子商务系统的信任度、提高电子商务的应用水平以及为电子商务系统提供各种适用的信任管理方案有着重要的实践价值。

三、信任模型分析

信任模型是建立和管理信任关系的框架。目前的应用中多是利用技术来建立信任模型，系统给每一个实体颁发可信数字证书，在通信或交易时，实体出示证书，当证书被验证可信时，则该实体被认为可信。

信任模型需要解决以下问题：

（1）实体之间能够信任的证书是怎样被确定的？

（2）实体之间的信任关系是怎样被建立的？

（3）在特定的环境下，实体之间的信任在什么情形下能够被限制或控制？

在讨论信任模型之前，有必要先了解与信任相关的一些概念，如信任锚、信任域、证书路径、信任路径等。

信任锚：信任关系建立的起点。在信任模型中，只有当人们可以确定实体的身份，或者有一个信任锚来证明这个实体的身份时，人们才信任这个实体。

信任域：公共控制下或服从于一组公共策略的系统集。策略可以通过明确规定，也可通过操作过程指定。信任域可以按照组织或地理界限划分。

信任路径：信任路径和证书路径是有差别的，只有当建立起来的证书路径上的证书验证全部通过时，这条证书路径才可称为信任路径。在信任模型中，信任关系是通过信任路径进行传递的。

目前，常用的信任模型主要有单信任模型、严格层次结构信任模型、网状信任模型、桥信任模型及以用户为中心的信任模型。

四、电子商务网络中信任模型的设计要求

在电子商务网络中，节点与节点的地位完全平等，因此电子商务网络中的信

任模型也应符合这个特征，这样信任模型的功能就不能集中在一个特定的节点上。经过归纳总结，发现电子商务网络中的信任模型需要满足以下几个具体的要求：

（一）使网络中的每个节点的开销减少到最小

由于电子商务网络是一个开放式的网络，每一个节点都具有很强的动态性，在某一时刻可能会有大量的节点参与交互，如果不考虑节点的计算能力和所需要消耗的存储空间，就会严重影响系统的性能，甚至影响系统的可扩展性。

（二）保证网络中节点的自主性

应用于电子商务网络中的任何信任管理模型必须符合节点是完全自主的这一原则，即使假设的可信的权威或者存储也不能出现，更不能利用中心节点对其他节点进行监控和协助。

（三）保证网络的健壮性

应用于电子商务网络中的任何信任管理模型必须保证节点与节点之间的通信安全，保证节点之间所互传的信息不被恶意节点截获与窜改，并且能够通过信任计算来区分出哪些反馈是有效的、可用的。信任管理模型需要采取有效的措施来防止节点之间的勾结，使用各种手段诋毁其他节点，这些行为都会严重影响信任模型的应用效果，降低网络的健壮性。此外，一些信任模型还采用了良好的奖罚机制，鼓励节点进行正常交易，对有恶意行为的节点进行惩罚，以保证网络的良好环境。

（四）保证身份标识的真实性

在电子商务网络中，节点的信任信息都与身份绑定在一起，且电子商务网络中没有中心节点，节点是完全自治的，包括节点的身份标识。因此，保证电子商务网络中的节点身份的真实性是非常重要的，即使节点是用匿名登录的，也要使用技术手段确认其身份标识，使在完全没有中心节点的电子商务网络中建立节点身份标识成为可能。由于身份标识只是一种代号，与自己的真实身份完全不同，因此该方法符合电子商务网络所要求的匿名的原则。

（五）保证网络具有良好的扩展性

电子商务网络是一个开放式的网络，在某一时刻网络中交互的节点数目可能是相当大的，如果每个节点都保存整个系统的其他节点的全部知识和整个系统的全局知识，那么要保存的信息量将是巨大的，会影响系统的扩展性能。

（六）保证网络中新加入节点获得的收益最小

由于在电子商务网络中节点都是完全自治的，也包括身份标识，因此不能给新加入的节点赋予过高的信任值，防止节点在进行恶意行为后改变自己的身份标识以重新获得较高的信任值。例如，Sybn 攻击就是通过不断改变身份标识重新获得较高的信任值以不断进行恶意行为。所以，对于刚加入网络的新节点，要限制对这个新节点的权利，新节点的信任值要相当小，这样新节点就只能与其他节点进行最基础的交互，要通过该节点同其他节点的良好交互行为来提高自己的信任值，以获得更大的权利。

第二节　电子商务环境下信用机制模型构建

在电子商务交易中，相关利益主体为了确保交易能够按照各自期望的条件执行，不仅要确保自身平台的可靠性，还要确保其他交易方及其所用平台以及基础设施的可靠性，这样才能保障电子商务交易活动正常进行。虽然交易各方可能认为交易平台、通信系统等基础设施在技术上完全可靠，但是出于各自的商业或个人利益考虑，他们可能会选择不相信这些系统，除非存在一个有效、合法的制度框架，用于规范电子商务市场中的信用交易行为，而这正是信用机制的应有之义。

信用机制是一套完整地保障经济良性运行的社会治理机制，它把各种与信用建设相关联的社会机体有机地进行整合，以打破信息不对称为抓手，鼓励、弘扬守信行为，制约、惩罚失信行为，使信用主体的行为价值取向发生转变，自觉从失信向守信转变，进而促进社会信用水平的不断提高，保障正常的社会秩序与市场经济。要研究电子商务环境下的信用机制与构建策略，必须对普遍意义上信用机制的内涵、经济功能与构建模式有深刻理解。

一、信用机制的内涵

（一）信用机制的经济内涵

经济学是研究人们在经济生活中的行为、关系及各类制度规范的一门科学。从经济学的视角研究信用机制主要是分析、探讨在经济交往中人类的信用行为、信用关系以及与信用相关的制度规范。信用机制作为一种经济活动方式，体现为人类社会生活的伦理道德规范和经济交往准则。从信用机制的发展历史看，信用机制的产生既是商品交换的产物，又是人们在市场经济发展过程中追求最大利益的必然结果。信用机制作为市场经济运行的基本机制之一，联结着整个经济活动，并在商品交换中发挥重要作用。信用机制作用的对象是主体的信用行为，构建信用机制的目标是改变主体信用行为的价值取向，其从经济学角度分析具有以下几方面的内涵。

1. 信用机制建立的前提条件是预期偿还性

经济学意义上的信用是以社会、心理上的信任为基础的，即授信人以受信人所做的还款承诺和能力有无信心为基础，并以此来决定是否授信。

2. 信用机制是市场经济环境下平等主体间建立关系所遵循的基本准则

经济学有关信用机制的研究是建立在市场经济基础之上的。在市场经济环境下，商品交易双方之间进行的是以实现自身利益最大化为目标的等价交换活动，而等价交换只有在双方人格或主体地位平等的前提下才可以实现。因此，在现代经济社会中，信用机制是市场经济发展的内在要求，是对每个个体平等权利的尊重及认同。

3. 信用机制代表一种经济契约关系

在市场经济环境下，交易双方基于自身财产所有权，以平等身份进行商品交换，这种交换是建立在双方承诺及合理预期基础上的权利与义务的交换。从这个意义上来说，信用机制代表一种经济契约关系，但契约往往是不完美的。因此，在交换过程中，只要交换不是在同一时空进行，那么由于信息的不对称性存在，信息占优方如果实施机会主义行为，信息劣势方的利益就会受到损害。在经济活动中，契约的不完美更突显了信用机制的重要性。经济学对契约的研究注重隐性契约的存在。所谓隐性契约，是指当事人之间没有签署任何契约条文，但是确实存在约定俗成的权利和义务关系的一类契约。因此，信用机制中对交易主体遵守契约的要求不仅指交易主体要严格遵守所签订的合同条款，还包括交易主体必须遵守的经济交往活动惯例。

（二）信用机制的制度内涵

机制是一种制度约束关系。要保持某一种状态，不是依靠人们的道德操守来实现，而是需要完整的制度体系约束来实现。将信用作为机制或制度来理解和认知，一方面是市场经济不断发展、法制化不断完善的必然结果。当从经济个体角度出发考虑社会经济活动时，信用机制是一种与诚实相联结的经济道德规范，并被视为一种基本的道德规范要求；当从市场整体的角度出发考虑社会经济活动时，正如马克思在《资本论》一书中所提到的，竞争和信用是促使资本集中的两个强有力的杠杆，随着资本主义银行的诞生和不断发展，信用机制逐步强化，并在社会经济中逐渐发挥了不可替代的作用。另一方面，信用机制的制度化是经济发展的内在要求。一旦社会确立了能够适应市场经济发展和商品交换所需的信用制度，其便转变为市场经济正常、稳定和顺利运行的制度保障，并反过来成为各类经济主体行为的外在约束。信用社会的形成依赖相关制度的保障，社会整体信用的形成也需要相应的机制或制度安排。

从以上对于制度的理解出发，可以认为有效的信用机制就是关于信用及信用关系的相关制度安排，是一种对信用行为及信用关系的规范和保障机制，是一套约束人们在经济生活中信用行为及信用关系的运行规则，同时是作为"经济人"的主体为获取自身利益最大化而必然遵守的行为准则。促使信用机制制度化的要素主要包括法制化规范和保障、制度化客观评价、监督机制及制度化的奖惩机制等。综合上述分析，本书认为将信用机制作为一种经济制度来看待主要有以下两个层面的意义：第一，信用机制是经济主体相互之间在长期交往基础上形成的一种相对稳定的行为规则；第二，信用机制是社会系统对人与人之间利益关系的一种制度安排，既包括正式规则，又包括非正式规则。正式规则包括企业约束、信用管理制度及信用相关法律制度等；非正式规则包括自我约束机制、多次交易中的失信惩罚机制，如信用理念、信用文化、信用惯例等。从结构上看，信用机制一般可以划分为三个层面：一是技术层面，主要是各类信用工具；二是制度层面，主要是交易中与信用关系相关的规则、约定；三是价值心理层面，主要包括人们的契约精神、信用理念等。三者之中缺少任一层面，信用及信用关系都会受到影响。

二、信用机制的经济功能

市场经济环境下，人们之间的关系表现为多样化的信用关系，信用机制作为市场经济基本制度的重要组成部分，发挥了维护社会生产关系、交易关系的重要作用。同时，信用机制作为规范、协调经济主体信用行为的规则，是促使人们行为理性化、社会经济有序化的重要保障，能够有效减少交易成本。具体来说，信用机制主要具备如下经济功能。

（一）信用机制具备货币最基本的流通职能

随着商品生产、交换规模的扩大以及社会分工、私有制的出现，产生货币的同时产生了信用机制。借助信用机制的发展，货币的流通职能得到进一步发挥，而在此过程中，货币的表现形式逐步被信用手段所替代，各类信用工具从本质上来说都是可以流通的"准货币"，信用机制因此具备了货币最基本的流通职能。利用信用机制可以实现把闲置的生产资本、货币资本和其他闲置不用的货币收入转化为现实资本，投入生产、流通部门或者国家公共投资领域，从而实现对社会资本（包括社会产品、生产要素）的再分配。在再分配过程中，尽管所有权没有发生改变，但是社会的生产流通得到了重新组织和安排，社会经济开始运行在信用机制基础上，并得到了进一步发展。

（二）信用机制能够降低交易成本，提高经济效率

节约交易成本是信用机制的基本功能之一，信用机制通过各种规则的约束作用，能够防范机会主义行为，减少经济运行主体间的冲突，从而节约交易成本。马克思在《资本论》中指出，信用机制通过促进平均利润的形成、减少货币流通费用、加速资本的集中、促进股份公司的形成与发展来促进资本主义的发展，是"促使资本主义生产方式发展到它所能达到的最高和最后形式的动力"。首先，信用机制可以降低信息搜寻成本。交易双方信息的匹配是交易顺利完成的关键，然而为实现自身利益最大化，交易双方都可能隐藏不利信息。因此，为得到可靠信息，交易双方需要花费时间和精力在市场中搜寻相关信息，从而使交易成本大大增加。在信用机制作用下，交易双方秉承诚实守信、开诚布公的交易原则，信息搜寻所需成本将大幅度减少，经济效率将显著提高。其次，信用机制可以降低委托代理成本。委托代理理论代表学者认为，市场交易双方利益是存在差别的。为解决委托代理问题，委托人一方面可以激励、监控代理人，另一方面代理人可用一定资源担保不损害委托人利益。但是，在信用机制作用下，委托双方均遵循诚信原则，委托人监督约束成本能够降低，且代理人造成的"剩余损失"也会随之下降。信用机制曾长期以实物借贷、货币借贷两种形式为主，但随着市场扩大及专业分工进一步深化，货币由金、银等作为一般等价物的特殊商品变为货币符号代表的纸币，信用逐步货币化。信用货币化程度越高，交易成本越低。

（三）信用机制能够激励经济活动主体遵守信用关系，减少道德风险

一方面，在经济人前提假设下，确立信用机制可以明确信用关系，减少信用交易的不确定性，使人们产生合理、准确的预期。另一方面，信用机制本身是多种安排、规则的统一，而安排、规则本身就意味着约束功能的存在。信用机制依靠带有惩罚性的各种信用规则（包括正式规则、非正式规则），建立一定程度的信用秩序并不断维持这一信用秩序，从而减少道德风险。具体来说，信用机制的约束功能包括两层含义：一是信用关系明晰化会构成对交易各方信用主体的约束，避免违约、欺诈等机会主义行为的发生；二是信用关系明晰化不仅导致收益外部性的内在化，还导致责任外部性的内在化，即信用主体特定经济行为所可能产生的不利后果或风险（负外部性）从以前由社会其他主体所承担的状态转变为由明确的产权主体承担的状态，这正是信用机制的双向约束功能。

三、信用机制的构建模式

（一）信用机制的不同模式

对于如何构建信用机制，本书主要从信用机制的发展演变、信用机制的类型与构成要素进行分析，以期为电子商务环境下的信用机制构建策略研究奠定坚实基础。冯登艳总结了信用机制模式的发展变化，认为信用机制模式可以分为四种类型。

1. 人格维持机制

在自给自足的小农经济时代，受交通、信息等条件限制，市场较为封闭和稳定，市场主体间通过反复接触和不断交易相互认识、了解，逐渐形成封闭的经济体。只有在交易者之间相互认可的情况下，信用行为才可能发生，且仅依靠交易者的人格就可以维系信用。在这样的经济体内，特定市场主体一旦失信，不仅交易对方会停止与其交易，其他市场主体也会获悉其失信行为，不再与这样的失信主体进行交易。

2. 信用抵押机制

随着交易范围的扩大，当交易突破"熟人圈"后，就会出现用抵押物来保障信用关系的交易方式。抵押是人类社会用来保障短期一次性信用交易的最古老、持久的信用机制，这种信用机制至今仍然存在，并根据交易方式、技术手段的变化呈现出各种变异的表现形式。

3. 信誉维持机制

信誉维持机制是指在长期交易过程中，出于对未来合作收益的预期，交易双方尽可能保持良好的合作信誉，以期获得相同的回报。信誉维持机制的惩罚机制是一旦失信损坏了信誉，交易对方就中止交易，使其失去未来的长期合作收益。对中世纪热那亚商人远程贸易代理的研究发现，商人一般支付给代理其地中海沿岸远程贸易的代理价格高于同一时期其他地区的商业代理价格。商人支付高佣金使代理商未来合作预期收入的贴现超过其失信所得，从而使长期收益显著高于短期收益，这样代理商就会保持诚实的信誉。

4. 第三方保障机制

信息不对称是普遍存在的，因此仅依靠断绝交易关系的惩罚维持信用机制成本较高，且易使信用交易无法进行，从而导致社会福利损失。一般来看，断绝交易关系给信息劣势方带来的损失要大于优势方。对于信息劣势方来说，可以借助第三方力量督促交易按照契约规定执行。第三方保障机制主要分为两种方式：一是组织保障方式。通过考察 11 世纪在地中海地区较为普及的马格里布商人代理关系制度，认为其是一种由贸易商集体对所雇用的代理商实行集体主义惩罚的"同盟"制度。在这种"同盟"制度维持信用机制的前提下，只能在同盟成员中建立代理关系，所有参加"同盟"的贸易商自觉遵守隐含契约，即不再雇佣曾经发生过失信行为的代理商。这种隐含契约降低了失信者重新受雇的可能性，改善了简单的信誉机制。二是制度保障方式。随着商品经济进一步发展，市场突破了地域限制，交易行为往往发生在不特定主体之间，且市场主体具有高度流动性特征，个人信用情况一般难以获取，违约行为难以被惩罚，从而导致违约比守约更有利。制度保障方式的作用在于强制性改变博弈的预期收益，从而形成稳定的纳什均衡。法律对信用关系维护是最终的、最有力的，但仅依靠法律维持信用关系成本是高昂的，最终会导致信用逐步萎缩。法律维持信用的关键不在于对失信者的法律制裁，而在于通过法律制裁所形成的威慑机制来迫使人们遵守并履行契约。

（二）信用机制的构成要素分析

根据制度经济学分析框架，信用机制实质上是关于信用的制度性框架，其以社会契约的形式确保交易各方预期的确定性，保障交易的顺利完成。从构成要素看，信用机制的构建可以分为正式规则、非正式规则及实施机制三个要素。

其中，正式规则是信用机制中外显的、约束力较强的部分，如规章条例、法律规范以及惩罚措施等确保契约履行的相关规则。正式规则中的经济规则部分包含对信用关系规则形式的相关规定；政治规则部分包含国家政府通过法律手段保护信用关系并保障其实施的规则。非正式规则是信用机制的第二个组成部分，社会的风俗习惯、道德规范、个人信仰、意识形态等都属于非正式规则。非正式规则可以概括为人们来源于社会共同认知的一种对其他人行为方式的稳定预期。非正式规则一方面来源于人们长期的社会生活经验和习惯，可以帮助人们有效地界定、保障信用关系的实施，从而节约交易成本；另一方面，与正式规则仅能规定、约束经济活动某一方面相比较，非正式规则的约束力无所不在。经济学家诺斯认为，即使在最发达的经济体系中，正式规则也只占决定人们选择的总约束的一小部分（尽管是很重要的一部分）。如果我们稍加思索，就会发现非正式规则是无处不在的。此外，强制性的正式规则往往成本较高，而非正式规则成本较低，实施起来更能节约社会资源。信用机制的第三个组成部分是其实施机制。衡量信用机制是否完善的重要标准是其实施机制是否健全、有效，从而保障前述的信用规则能够有效发挥应有的作用，如果没有实施机制的保障，任何机制或制度都属于形同虚设，而这往往是许多学者研究时所忽视的。实施机制对信用机制作用是否有效的衡量标准主要是失信者或违约者的违约成本高低，显然导致目前人们信用行为不规范的一个重要原因是其实施机制的不完善。

国内部分学者也分别从自己研究视角，对信用机制的构成要素或结构关系进行了相关研究。韩冰从结构上对信用机制进行分析，提出信用机制可划分为三个层面：一是技术层面，主要是各类信用工具；二是制度层面，即交易行为中关于信用关系相关规则、约定；三是价值观层面，包括人们的契约精神、信用理念等。以上三个层面共同构成信用机制，缺少任一构成层面，交易行为中的信用及信用关系就会受到影响，从而导致交易行为难以发生；即使交易发生，非正常信用关系也将为此后交易中产生的各类问题埋下隐患。李新庚指出，信用机制的作用就是利用各种约束，促使信用主体在信用关系中所产生的预期利益得以实现，而信用行为、信用关系和信用制度三者之间相互存在有机联系，最终构成交易行为中的信用机制。

四、电子商务环境下的信用机制构建

如前所述，在电子商务市场中，受特殊的交易模式、特征等因素影响，通过计算机网络进行商品生产、合作或者交换，具有快捷、方便、成本低廉等优势，但如果缺乏相应的信用机制，这些合作就难以进行，网络经济的优势也就难以发挥。在各国实际应用过程中，信用缺失被认为是影响电子商务潜力无法充分、有效发挥的主要障碍之一。因此，近年来对电子商务环境下信用机制构建及相关策略的研究受到了国内外学者的广泛关注。

（一）关于社会信用机制构建的相关研究

1. 国外研究进展

国外学者对社会信用机制构建的相关研究开始较早，且与社会经济发展实践紧密结合，重视理论研究在实践过程中的具体应用与相互推动，多数定量模型已经被广泛应用到社会经济的各个方面，极大地推动了国外信用管理体系和信用制度的建设与发展。关于社会信用机制构建的代表性研究主要分布在信用评价或评估、信用信息服务、信用风险管理等领域。

在信用评价研究领域，部分学者分析了信用评价机制约束影响市场主体行为、控制企业风险的有效性，提出了基于二元评价为主体的信用评价制度的轮廓，指出只有信用评价机制能够满足某几个性质，卖家才愿意在商品质量上持续地进行一些改善，不断建立好的信誉，直到最后完全建立自己的信誉。相关学者还阐述了如果买家宽容的评价反而受到欺骗时的补偿情况，并进一步讨论了在买家正确评价时第三方所给予买家的激励情况。此外，第三方信用评价机构的诞生为信用评价制度有效性理论的研究提供了现实依据。

在关于信用信息共享研究领域，首次提出信息共享的严格体系，对诸如信用局等信用信息服务机构也有论述。有学者研究了信息共享如何影响市场上的逆向选择，以及逆向选择框架中的信用市场的结构对贷款总量的影响分析：在竞争性市场上，信息租金下降，贷款量上升；如果竞争程度下降，则这种改变将不存在。在此基础上证明了信息共享所产生的对信用申请者的约束、规范作用能够降低信用市场上的信用风险。

2. 国内研究进展

国内社会信用体制发展起步较晚，目前研究成果主要分为两大领域：一是为数不多的关于社会信用体系的局部理论与实践研究；二是借鉴国外已有研究成果进行的关于信用风险、信用评估等方面的模型与应用研究。其中，第二部分不属于本书的研究重点，在此不再赘述。

从理论研究层面看，张维迎的《产权、政府与信誉》从信息经济学的角度对企业信誉与产权制度和政府规制关系进行了深刻剖析。张维迎强调，建立明晰的产权制度和取消政府不必要的监管是企业讲信用的必要条件。张维迎把信用和法律进行了对比，从两者的相互关系出发对信用问题进行了探讨，指出法律和信用是维持市场运行的两个基本机制，信用机制是一种成本更低的维持交易秩序的机制，是法律机制的基础。随后，他又探讨了信用对一个地区经济绩效的影响，并进一步分析了影响信用的因素，其研究已涉及产权、合约、经济绩效与信用的关系等深层问题。刘少波和张文以制度经济学的相关理论为基础，在制度经济学的分析框架内剖析了信用的制度内涵，分析了信用制度的基本功能以及信用制度的演进和变迁，并在此基础上提出了我国信用机制建设的路径选择在于推进以政府为制度供给主体的正式规则变迁、加快以社会道德提升和重塑为核心的非正式规则演进以及强化制度实施机制建设。

从实践研究层面看，研究学者主要从国内外信用管理实践现状出发，寻求我国社会信用机制的构建策略。例如，国家经贸委青年理论研究会"社会信用体系建设"课题组在总结我国社会信用建设发展历史和借鉴国外信用体系经验的基础上，提出了加快信用制度建设、加大失信惩戒力度等六项加快推动我国社会信用体系建设的措施。但是，受我国社会信用机制建设实践所限，研究深度有所欠缺。

（二）电子商务环境下信用机制的构建策略

以互联网为代表的信息技术的兴起给传统商业活动带来了巨大冲击，这种冲击不仅表现在技术层面的，更渗透于社会、心理层面。随着电子商务经济的迅速发展，国内外学者对电子商务信用机制相关问题的研究成果逐步增多。著名的电子商务专家李琪教授探讨了网上交易中的"柠檬"问题，认为网络环境下交易的实体范畴和对象都扩大了，实物产品和服务的"柠檬"问题仍然存在，数字产品和服务的"柠檬"问题更加恶化，并提出了相应对策。北京大学网络经济研究中心以电子商务信用和传统交易信用的对比关系为维度，揭示并概括了目前中国电子商务信用的四种表现形式，并以传统企业电子商务为例证，进一步剖析了电子商务信用的分类特征。以上学者从新制度经济学和经济社会学的视角出发，比较全面地考察了互联网对交易信用的影响，这对电子商务环境下信用机制及其构建策略的研究具有重要的启示意义。

电子商务由于其基于信息技术平台开展交易行为的特点，信息存储更为规范、信息传播速度更快且范围更广，因此其信用机制及相关管理体系的构建与传统交易方式相比更具备基础优势。从研究内容与基础理论的角度分析，国内外有关电子商务环境下信用机制构建策略的研究成果可以划分为三大类：基于心理学和电子商务技术相结合的相关研究、电子商务第三方信用中介的相关研究、电子商务信用环境建设与政府规制的相关研究。下面分而述之。

1. 基于心理学和电子商务技术相结合的相关研究

部分学者从心理学和电子商务技术相结合的角度研究顾客信用的构建过程，认为信用的发展是一个动态的过程，包括三个阶段：初始信用的建立、信用的维持、信用的下降。其中，初始信用是信用发展过程的第一步，也是最重要的一步。初始信用是电子商务环境下由网络通信技术带来的一种特有的信用形式。同时，初始信用能够决定顾客听从商家建议的倾向、共享个人信息的倾向及从网站购物的倾向。李泌芳和刘仲提出，在电子商务初始信用形成中，制度信用、气质信用、技术接受因素、界面的特征、内容管理等是影响客户信息的主要因素，信用传递发挥着重要作用。但随着双方交易活动的增多，其他在初始阶段并未显现的因素，如关系标准、规范、共同价值理念等，将进一步成为信用的重要影响因素。

2. 电子商务第三方信用中介的相关研究

国内外学者在利用博弈论研究电子商务信用机制的构建过程中，发现通过从单次博弈演变为多次博弈、从短期博弈演变为长期博弈以及增加第三方信用主体可以对交易者信用行为产生积极影响。在电子商务实践过程中，第三方信用中介平台扮演了相当重要的角色，它通过制定交易规则、实施交易管理，如实名认证、支付托管、信用评价等手段，构建电子商务市场中的信用机制，从而实现维护公平交易环境、促进交易达成的目标。目前，关于第三方信用中介的相关研究主要集中在信用评价、应用以及在信用评价基础上的信用信息服务等领域。

（1）关于电子商务市场信用信息服务的相关研究

在电子商务比较发达的国家，如美国，展示信用图章是网站建立信用的常用策略。在线信用图章是由被市场认可的或者已被证明信用良好的企业或第三方信用中介展示在其他企业网络商店的各类标志、标签或图章，其目的是用于证明这些企业网络商店具有良好的信用，从而减少电子商务市场的信息不对称性，重新配置信用风险并降低交易成本，进而推动这些企业的网络销售。魏明侠采用实验经济学的方法，研究了由第三方认证的网站信用提升标记是否在现实中真正起作用的问题，其基本结论如下：在促进网络销售方面，信用标记一般是有效的，而且不同信用标记的有效性是不同的。同种信用标记对不同产品的促销作用也是不同的，这是一项比较深入的有代表性的研究。王静提出建立电子商务征信数据环境的条件和方式，并从技术、法律、制度等方面对信用信息服务的构建进行了系统阐述。李隽波提出信用信息的真实性是信用问题的核心，而对这种真实性进行信用查询的目的是降低买卖双方电子商务交易的风险。因此，在电子商务平台上利用互联网技术构建信用查询体系，可以有效降低交易过程中的风险。毕强、齐志和白云峰从电子商务信用信息服务的驱动模式、组织模式、实现模式三个方面入手，构建了电子商务信用信息服务的基本模式。李征通过对一个简化的演化博弈模型的研究发现，由于信用体系存在规则上或技术上的潜在漏洞，以及交易者是理性、自利的，电子商务信用骗取行为的出现不可避免。为此，李征构建了种群共存模型，分析信用评级与交易者之间不同关系的稳定演化结果，提出了建立一种与交易者"独立共存"的新型信用体系，以有效防范信用骗取。

综合以上分析，国外学者以电子商务环境下信用信息服务研究的重点为具体应用方面，涉及对交易各方进行信用等级评定的数学模型、信用信息服务方法、信用信息服务技术手段等，研究内容较为系统、全面。而我国信用体系建设及电子商务发展实践方面与发达国家存在较大差距，国内学者在对信用信息服务方面研究起步较晚，多是借鉴国外研究思路、模型，相关研究成果在数量、深入程度方面与国外存在一定差距。

（2）关于电子商务市场信用评价的相关研究

信用评价机制是指一种在网络环境下，通过收集、合计、发布用户历史行为反馈信息，激励陌生人之间的合作行为，促进网络信任的声誉管理机制。通过记录好的和坏的行为，信誉系统积累了卖家的交易历史，从而对潜在交易者确定是否信任卖家产生影响。通过对信用评价机制的实证研究成果进行全面分析、梳理后发现：一些文章验证了信用评价机制可以更好地解释买家行为；一些文章关注信用评价机制对卖家销售额的影响。一部分学者结合我国电子商务实际应用对电子商务的信用评价模型进行了相关研究。谈晓勇和任永梅应用实例分析了电子商务网站信用评价机制存在的主要问题，并提出了相应的对策措施。马强等对电子商务信用评价模型与应用进行了深入研究。还有一部分学者从技术手段层面对电子商务评价技术进行了相关研究。杨青等从电子商务支付网关的角度探讨了如何保证支付中的信用。侯文和帅仁俊构建了基于网格的电子商务信用评价系统的应用平台，解决了电子商务时代以网格为主体构建信用规范和评价机制问题，提高了信用评价的效率和可信度。

3. 电子商务信用环境建设与政府规制的相关研究

我国的信用体系处于残缺不全的状态，因而对于电子商务信用机制的认知除了要研究信用心理与电子商务技术、信用中介等方面内容外，更多的是从信用机制体系与制度建设层面进行。代表性的研究成果主要有以下几个：

肖文海认为发展电子商务，除具备良好的电信基础设施外，更重要的是构建有利于诚信交易的制度环境，主要包括有效的经济组织、完善的经济法规及可靠的网络支付渠道。王建明指出，要建立电子商务信用信息服务体系，必须构建基础信用信息的共享机制；建立统一的国家标准，加强信用信息服务业的标准化建设，并将关注的重点最终落在政府的法律法规政策上面。张海燕和杨鹏起的研究从微观和宏观两个方面整合了电子商务和信用体系。微观方面是建立企业信用评价体系和信用管理体系、完善电子商务个人信用征信制度、建立电子商务过程中的第三方信用服务机构、发展电子商务专业化人才、增强网民信用意识、营造信用消费氛围；宏观方面是促进政府行为与市场运作相结合、创建安全的信息环境、积极发展第三方物流业、加快电子商务立法、改善电子商务法律环境。张京卫研究表明，可以通过培养全社会的诚信意识和诚信消费习惯、加大建立社会信用管理体制的宣传、健全企业内部的电子商务信用管理机制、建立第三方信用服务认证机构、建立信用评价与监管机构、完善电子商务信用相关法律法规、发挥政府职能的作用、加强网络技术的开发和应用八个方面来解决电子商务信用问题。王月研究结果表明，构建电子商务信用体系可以通过建立覆盖全社会的信用系统、建立透明的诚信信息公开机制、建立完善的信用法律法规三个方面进行。李安愉研究结果表明，电子商务信用问题可以通过四个方面解决，即社会信用体系的发展、与个人身份认证的发展、相关法律法规的完善、第三方信用评估机构的发展。

五、电子商务环境下的信用机制模型构建

（一）电子商务市场信用主体及信用模式

1.电子商务交易框架结构与交易类型

（1）电子商务交易框架结构

计算机、网络通信、电子支付、信息安全等现代信息技术是电子商务交易实现的保障。电子商务交易主体是指在市场上从事交易活动的组织或个人。目前，电子商务已经历经探索性阶段，逐步进入快速发展轨道，电子商务市场参与主体也逐步呈现多元化趋势。目前，在我国除了大中型企业外，越来越多的中小企业开始拓展电子商务领域，且以几何数字增长的网络消费者已加入电子商务市场交易中。电子商务交易的主要参与主体、运作流程如图2-1所示。

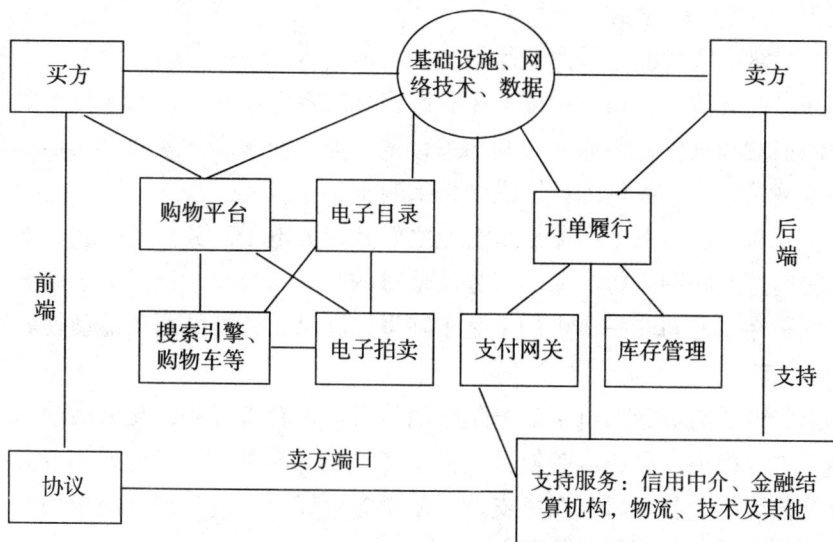

图2-1　电子商务交易参与主体与运作流程

从图2-1可以看出，电子商务市场的参与主体包括买方、卖方、平台提供商、服务提供商和政府。买方是指成千上万的网络用户，他们都是电子商务市场所提供产品或服务的潜在消费者。卖方在网络上存在数量众多的店铺，他们通过建设网站或利用第三方电子商务平台开展销售。平台提供商通过前端市场空间与交易各方进行互动。一方面，包括网站门户、购物车、电子目录、拍卖引擎、搜索引擎及支付平台在内的软硬件基础设施构成了平台提供商的前端市场空间的一部分；另一方面，平台提供商还需在后台与商家端口集成，为其提供订单、库存、财务及产品支付等相关技术、数据支持，构成前端市场空间的另一部分。服

务提供商主要是维护市场秩序，引导资源的合理匹配、流动，如信用评估、物流技术、金融结算等。尽管政府在图中没有直接显示，但政府作为"无形的手"，其对电子商务交易的影响是不可忽视的，主要涉及公共政策、隐私保护、法律、信用体系及电子商务技术标准等。

（2）电子商务交易类型

如前所述，电子商务交易的参与者众多，其性质各不相同，可以归纳为 B（business，企业）、C（customer，消费者）、G（government，政府）三大类。根据电子商务参与主体性质差异以及这种差异带来的商业模式上的差别，一般把电子商务分为以下 B2B、B2C、C2C、B2G、C2G 等。其中，应用范围比较广泛的是 B2C、B2B、C2C。另外两种模式即企业与政府间的电子商务交易（B2G）及消费者与政府间的电子商务交易（C2G），由于政府作为参与方，一般视为电子政务范畴。

①企业对消费者的电子商务是指企业与消费者之间以互联网为主要服务媒介手段开展的商务活动，是一种电子化、网络化的零售模式，以网络技术实现产品或服务的消费和提供，并保障与其相关付款、物流配送等方式的电子化。典型的电子商务网站如戴尔提供的计算机网络采购服务。

②企业对企业的电子商务是指企业之间开展的电子商务交易模式，即企业与企业之间通过互联网进行产品、服务及信息的交换。目前，世界电子商务市场中的交易额是在企业间交易产生的。基于阿里巴巴网站开展的商务活动就属于典型的 B2B 电子商务。

③消费者对消费者的电子商务是指消费者对消费者开展的交易活动，也就是说消费者本身提供产品或服务给其他消费者。电子商务交易平台如淘宝网，为买卖双方提供网络交易场所与服务支持，使卖方可以提供商品进行网络拍卖，而买方可以自行选择商品进行竞价。

值得注意的是，在目前的电子商务市场领域，电子商务平台提供方往往不会仅支持一种特定的交易类型，而是逐步趋向于综合性的、支持多种交易类型的交易平台。

2.电子商务市场信用模式

北京大学网络经济研究中心试图以"网上信用"（电子商务领域中的信用状况）与"网下信用"（电子商务类型所属的网下传统商务领域的信用状况）的对比关系为维度，从创新机制的视角来梳理、探讨"网上信用"的表现特征，从而揭示当前我国电子商务信用的概貌。"网上信用"大致有四种表现形式。

（1）改进型

"网上信用"比起"网下信用"有正向的促进与改善，但促进程度有限，以B2B为代表。B2B电子商务的本质是提供一个信息平台，作为一个"生意撮合者"的身份出现，提供全面的信用档案服务与信用认证。一个组织的生命是无限的，企业不守信用的惩罚执行机制会比个人更为有效，因为个人可以很容易在黑暗中消失，而一个"企业"是不容易逃跑的。

（2）放大型

"网上信用"不仅对"网下信用"没有改进，反而放大了"网下信用"的负面问题，以C2C为代表。C2C的主要用户是个人消费者，其失信的成本较低，再加上电子商务交易的匿名性及交易主体的海量膨胀，从而加大了信用管理的难度。

（3）无关型

"网上信用"与"网下信用"没有本质区别，只是将"网下信用"问题平移到了网上，以B2C为代表。B2C通常只提供卖家信息以及促成买卖交易的集散地，其与传统商城、百货商店的零售模式无太大区别，其信用关系没有本质的区别或突破。

（4）超越型

由于回避掉"网下信用"问题的一些环节，"网上信用"更为可靠，以金融电子化为代表。以网上证券为例，与传统证券交易方式相比，网上证券交易一是打破了时空限制，降低了券商的经营成本；二是减少了交易环节，降低了交易风险，提高了交易效率；三是加快了证券市场信息流动速度，提高了资源配置效率。

信用模式中所体现的信用关系可以分为三种关系：一是直接信用关系。在电子商务市场中，买卖双方通过互联网直接交易，授信方通过受信方的网络交易平台进行买卖，是不借助第三方而发生的信用关系，此种信用关系在B2B、B2C交易类型中较为常见。二是间接信用关系，主要指的是交易类型的信用关系，即作为授信方、受信方的消费者都通过第三方网络平台完成交易行为。在间接信用关系中，电子商务市场中的网络平台仅为双方提供交易场所而并不提供信用保障，买卖双方交易行为最终在网络平台外完成。三是第三方信用关系，主要是指由第三方机构为交易双方提供商品所有权转移过程的服务，并从中抽取佣金，也被称为"中介信用"，其服务提供机构为信用中介，如银行机构、支付平台等。值得注意的是，以上三种信用关系在一定条件下是可以互相转化的，即通过修改、减少或增加某些环节，就可能从一种信用关系转化为另一种信用关系。例如，直接信用关系中的一方通过第三方电子商务交易平台来购买或出售，那么根据第三方电子商务交易平台功能的不同，直接信用关系就会变为间接信用关系（交易平台不提供信用服务）或第三方信用关系（交易平台提供信用服务）。

从电子商务平台提供商的角度分析，目前已建立和应用的相关信用体系主要表现在以下几个方面：

一是电子商务平台提供商构建的第三方担保制度。电子商务信用一般包括信用评级、网络身份证明、网络信用担保、第三方担保等形式，而第三方担保是我国电子商务企业应用最多的一种制度。主流电子商务平台网站纷纷建立了第三方担保制度，如易趣的"安付通"、淘宝网的"支付宝"等，具体如表2-1所示。

表2-1　知名电子商务网站第三方担保制度建设情况

支付工具	安付通、贝宝	支付宝
网站	易趣	淘宝网、阿里巴巴中国站
第三方构成	中国工商银行、中国建设银行、招商银行、银联电子支付服务有限公司	中国工商银行、招商银行、中国建设银行、中国农业银行、广东发展银行、兴业银行等

总体来看，其原理基本一致：由网站平台与商业银行或企业组建独立的第三方中介，交易买卖双方通过第三方中介完成交易行为，其操作流程如图2-2所示。同时，对于消费者严格遵循流程操作但因其他原因造成经济损失的，电子商务网站企业也推出了相应的赔偿制度作为补充，如淘宝网的"全额赔付制度"、易趣网的"安付通保障基金"等。

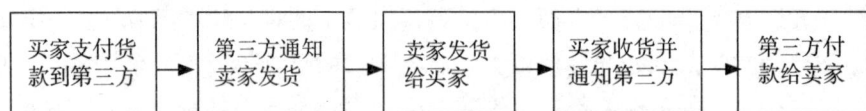

买家支付货款到第三方 → 第三方通知卖家发货 → 卖家发货给买家 → 买家收货并通知第三方 → 第三方付款给卖家

图2-2　基于第三方担保的电子商务交易操作流程

二是电子商务平台提供商自身的信用评级制度。事实上，以易趣、淘宝网等为代表的电子商务网站的信用评级体系大体上是一致的，其构成情况如图2-3所示。从图中可以看出，参与信用评级的主体是交易双方根据实际交易情况对每次交易对手选择好、中、差评。评价情况会永久记入交易对手的信用记录里。此外，针对一些特殊情况，电子商务平台提供商也制定了相应的其他规则予以补充。

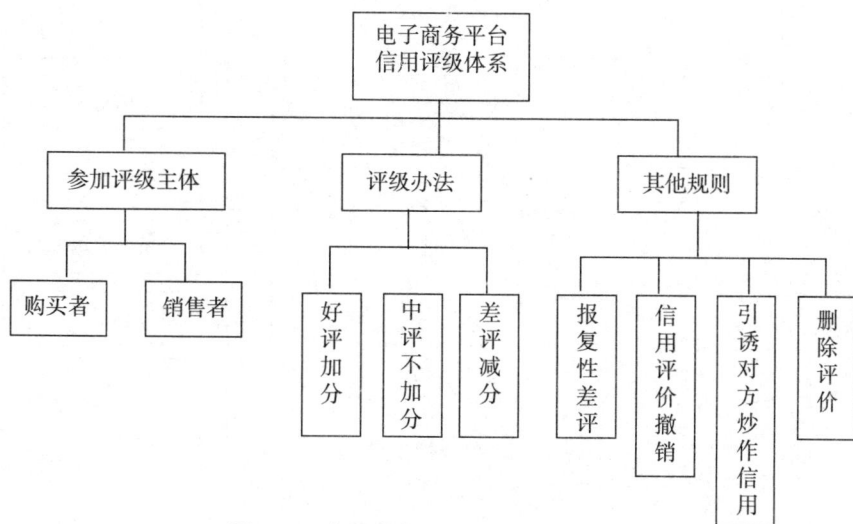

图2-3 电子商务平台的信用评级体系

三是电子商务平台提供商内部的调解机制。目前，知名电子商务交易平台网站都设有类似仲裁机构的协调机制，其内部也设置了法务部门。如果交易双方发生纠纷，可先由仲裁机构进行协调，协调失败后再诉诸法律。

（二）电子商务市场基础模型

毫无疑问，电子商务改变了传统商业模式，电子商务市场与传统市场有着很大的不同。值得注意的是，技术改变了，经济法律却没有随之改变。尽管电子商务带来了商业模式的改变，但竞争的基本原则没变，电子商务交易与现实交易结构的差异在于交易在不同的环境下发生。与传统市场相比，这些差异为政府规制行为提供了完全不同的环境。在传统市场中有助于界定市场竞争程度的大部分因素以及市场结构都对电子商务市场的运转有着重要的影响，如买卖双方数量对比、信息、进入成本、技术要素等。电子商务市场的特性带来了对政府规制需求的差异，尤其体现在市场信用管理领域。

1.电子商务市场基础模型的构建

这里结合经济学中的市场结构理论及前文对电子商务市场主体的相关分析，构建出了电子商务市场的基础模型，如图2-4所示。其中，根据交易成本理论，信用机制作为电子商务市场机制的重要组成部分，与其他市场机制共同作用于交易成本，而信用机制的构建与优化受政府规制及市场经济结果的影响。

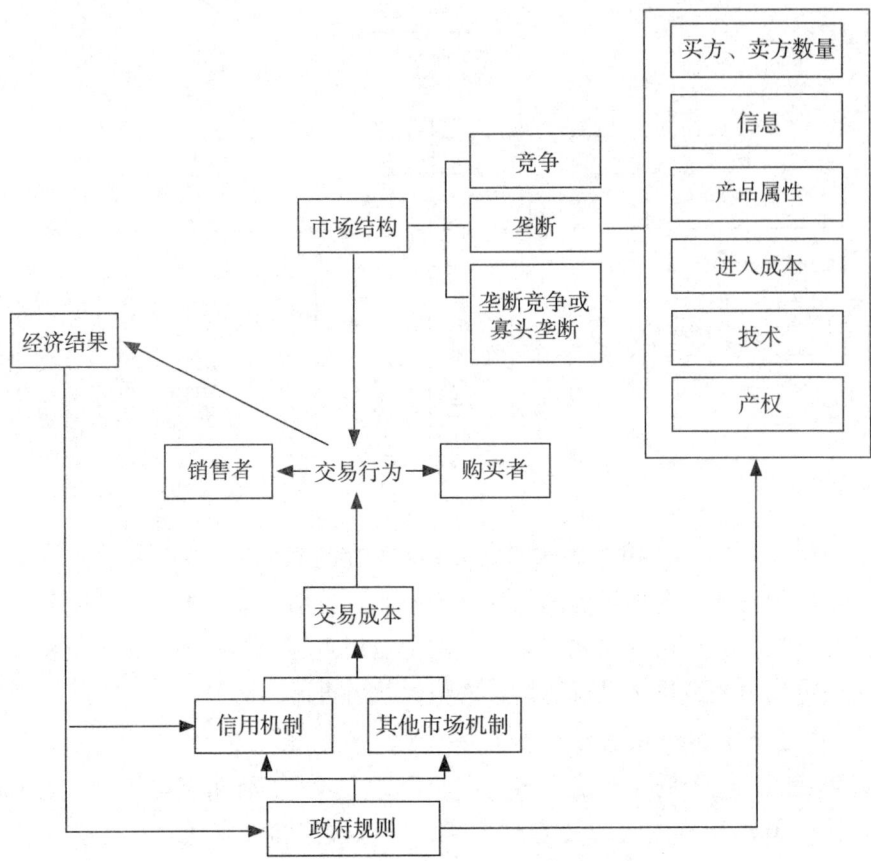

图 2-4　电子商务市场基础模型

2.电子商务市场构成要素分析

从市场层面看，购买者数量、销售者数量、网络外部性等要素对电子商务市场结构产生直接影响，其经济特性分析如下。

（1）购买者、销售者的数量

数量众多的购买者和销售者是电子商务市场的一个突出特点。任何地方的购买者都能够很快并以较低成本联系到销售者。如果销售者和购买者都对价格有充分的了解，那么数量众多的销售者和购买者可能使市场变得更富竞争力，从而提高效率和福利。销售者数量越多，消费者就越可以极其低廉的成本比较商品的价格和品质，从而获得受益。同样，销售者可以低廉的成本联系更多的潜在购买者，从而使潜在市场得以拓展。最后，网络突破了地理位置的限制，潜在的市场包含了世界各个地方的销售者和购买者。因此，本书认为电子商务市场的竞争程度由于数量众多的市场参与者而显著提高。

（2）信息

信息对电子商务市场结构的影响可以从两个方面进行分析，即信息流入和信息转移。电子商务网络中流动着大量的信息，这些信息会帮助消费者和生产者做出更好的决策，从而提高市场绩效。然而，在大量的信息管理和信息加工过程中存在固有的信息不对称问题。在经济理论中，通常假设消费者只能掌握有限的信息，因而信息的增加能够提高决策质量，并提高市场效率。在传统市场中，信息的收集和处理需要相对较高的成本。电子商务市场对消费者的信息收集有两方面的影响：一是更多的信息使市场更加有效率，消费者对不同生产者所提供的商品有着更为透彻的了解，从而能够做出更好的决策；二是收集和处理信息的边际成本会逐渐增加，这说明消费者掌握信息的能力和在充分信息下做出决策的能力受到限制，这种制衡关系如图 2-5 所示。由图可知，当信息搜集的边际成本等于边际收益时，信息搜索时间便达到最优点。搜索时间超过最优点后所获的边际收益小于所付出的边际成本。值得注意的是，图 2-5 中曲线的形状和斜率随消费者的不同而不同，如拥有较少搜寻时间的消费者的搜寻边际成本要高于有很多自由时间的消费者。同时，使用何种搜索工具是极其重要的。在电子商务市场中，可以通过搜索引擎搜索在线零售商的价格、产品数据，并根据用户需求标准列出搜索结果。显然，这些工具的使用降低了信息收集的成本，提高了电子商务市场的运转效率。与传统市场相比，电子商务市场中的销售者更多，给消费者带来了更多选择，为消费者和生产者提供了便利的信息获取渠道。从这个角度看，电子商务通过提高市场运作效率提高了社会福利。在电子商务市场中，生产者对其所生产的商品具有一定的信息优势。这种信息不对称在传统市场中同样存在，如二手车市场。与消费者相比，信息不对称使生产者在评价不同的可替代商品时处于更加有利的位置，这有可能对市场结构产生影响，导致出现能够规避规制的市场权力和市场优势。在这种信息不对称的情况下，企业往往比政府执行规制拥有更高的技术来规避规制。因此，电子商务市场中的信息获取（转移）往往不像现实市场中的信息那样有效，当私人企业比政府拥有技术优势时，对政府而言，网络信息将更加复杂而不易监管。

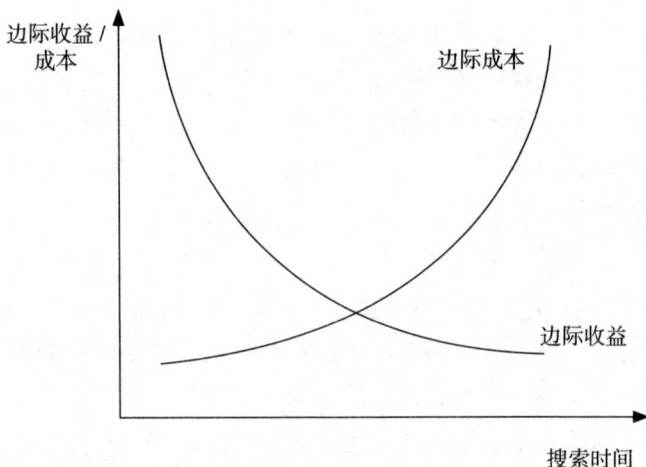

图 2-5 搜索时间与边际收益／成本的关系

（3）网络外部性

当一个消费者从另一个消费者消费某种商品中受益时，网络外部性就发生了，但这种外部性可能导致电子商务市场的不完美。例如，开始的时候许多企业会通过相互竞争来获取某类产品市场，但某一特定企业若达到临界点并从网络外部性中获益，也就是说其产品被大量使用且成为行业标准的时候，其他竞争者就会消失，该企业就会获取垄断收益。因此，在电子商务市场环境下，一旦某一企业利用其产品产生了网络外部性，其他的竞争者就很难进入该市场。

（4）进入成本

通常认为电子商务市场的进入壁垒较低，因为建立一个网站是很容易的事情，也就是说开设网络店铺并不需要很高的支出。但是，建立网站所产生的支出并不是主要的成本，进入市场的主要成本是宣传支出。电子商务市场中有很多出售相同或相似产品的店铺，新店铺要吸引潜在的顾客前来购物，就要借助电视、报纸或网络等媒介进行宣传，这将是一笔很大的支出，且这些支出是不可回收的，属于沉没成本。

（5）产品属性

电子商务市场中交易的产品与传统市场中交易的产品有所不同。比如，信息类产品软件或信息本身具有公共产品的某些特征。在这种情况下，该类型产品的供给者就要求强有力的产权来保护自身权益，保证消费该种商品的独占性。信息和软件可以通过很低的边际成本进行复制，因此供给者很难阻止侵权行为的发生。由于政府在技术方面并不占优势，其规制便显得苍白无力。因此，这种问题在电子商务市场中很难解决，但这种市场的不完美性反而会促使商家研发新技术来解决问题。

（6）技术进步

技术进步一方面可以促进竞争，另一方面可能会形成垄断。技术的进步提高了电子商务市场的竞争力及效率。例如，网络安全性的提高保障了电子商务交易的安全性，更好的搜索引擎技术和软件让买卖双方可以搜集、整理数量庞大的信息，以便做出更好的决策。正是这些网络技术的迅速发展，保证了电子商务交易的可靠性，更好地保护了产权。然而，假设在电子商务市场中仅有极少数企业掌握了技术进步，其就会利用对技术的投资而获得大部分市场份额，再加上如前所述的网络外部性等因素，这种市场垄断性就会得到进一步加强。总之，技术进步对电子商务市场的发展是一把双刃剑。

综合以上分析，与传统交易市场相比，电子商务市场的交易结构具有以下特点：首先，从交易成本看，人们一般认为电子商务市场交易的交易成本要远低于传统交易，尤其是综合考虑税收、通信等相关成本时。但是，交易成本远不止这些。电子商务交易的低交易成本来源于政府规制的缺乏、买家卖家的普遍存在、低税收或无税收以及高速的信息交流，唯一较高的是运输成本，因为买卖双方可能处在某一国家或地球的两端。其次，信用培育较传统市场难。电子商务交易与传统交易的一个显著不同点是，即使一笔交易完成了，买方也不知道卖方的具体位置。为防止被欺骗，许多买家会选择知名度较高的卖家，因而电子商务交易中商标、品牌就显得尤其重要。为获得可信度较高的商品，买家宁愿付出较高的价格也不愿意低价从不确定的商家购买。由此可以看出，对于新的网络商家而言，诚信的建立并不是一件容易的事，需要花费大量的宣传费用，并需要花费一段较长的时间来向买家展示自身的诚信。例如，2010 年国内一时间冒出了超过 5 000 家团购网站，其中鱼龙混杂，夹杂着一些借机欺骗消费者的不法网站。但网络用户一开始并无法鉴别这些网站的真伪，无法对其诚信度进行可靠的评价，这时就需要团购网站花费成本和时间来慢慢培育自己的诚信和知名度。最后，产权界定问题较为复杂。在传统市场中，买卖双方通常从属于统一司法管辖范围内，在界定一些相关的产权问题时有共同的法律协议，依据同一标准，但在电子商务中，产权问题变得模糊不清。

（三）电子商务市场的信用机制及其验证标准

从前文对信用机制内涵的分析看，电子商务环境下的信用机制就是电子商务环境下相关信用主体间基于电子商务信用及信用关系的一系列制度安排，是一种对信用行为及信用关系的规范和保障机制，是一套约束人们在经济生活中信用行为及信用关系的运行规则，同时是作为"经济人"的主体为获取自身利益最大化而必然采取的行为准则。促使信用机制制度化的要素主要包括法制化规范和保障、制度化客观评价、监督机制及制度化的奖惩机制等。根据前图2-4构建的电子商务市场基础模型，本书对电子商务市场环境下的信用机制做出如下三方面的阐释：

第一，信用机制与其他市场机制一起通过对交易成本的影响产生实际作用效果，即如果在一种信用机制作用下相比，在另外一种信用机制作用下促使销售者与购买者通过交易行为产生的净收益大一点，那么就可以认为这种信用机制比另外一种信用机制更加有效。这也将是本书对电子商务环境下的不同信用机制进行数理模型研究的基础。

第二，政府规制对电子商务环境下的市场结构以及信用机制的产生具有重要作用，而这也是本书研究的出发点之一。在电子商务市场中，交易成本会受到多种因素的影响。交易成本对于特定市场来说是非常重要的，许多市场都因为交易成本的原因而受到限制。一般来说，交易成本是独立于任何市场交易的，但是政府规制可以通过对电子商务市场结构的影响而对交易成本产生作用。政府规制对电子商务市场结构的影响表现在以下三个方面：首先，政府可以通过规制和对产权的界定来影响电子商务市场的结构。政府在电子商务市场中的规制不像传统市场那样普遍，因而政府规制对电子商务市场结构的影响有限，但并不意味着政府规制对电子商务市场毫无作为，要视不同的政策而论。电子商务市场结构主要受到以上所提及的构成要素以及电子商务交易初期所实行的规制的影响。其次，关于政府对电子商务市场产权界定的问题，通常人们认为应该实行和传统交易中同样的规则，但由于执行力的缺乏以及司法权重叠等问题的影响，法律对产权的监管受到了限制。因此，电子商务市场结构会受到产权界定和执行力缺乏的影响：一是产权保护的缺乏会导致竞争者的模仿或复制，从而打击此类投资的积极性。二是企业会尝试建立自己的保护机制进行自我规制，以减少欺诈行为，而这会导致市场范围的缩小。因此，企业为了保护自己的权益，就会只跟在企业所属的管辖权范围内的、知名度高的或诚信度较高的买家合作，且制定严格的合同，这无疑会大大缩减市场范围。三是与小企业相比，大企业在保护自身权益和自我监管方面拥有优势，导致小企业的市场势力会由于缺乏产权保护而更加减小。因此，政府规制可以通过降低交易中的不确定性和相应的交易成本来保证交易更加安全，从而提高市场效率。最后，尽管政府规制对电子商务市场的内在结构产生了非常重要的影响。政府干预通常定位于弥补市场的不完美情形，但是在某些情况下，政府行为极易受到来自不同经济部门的政治压力，导致部分规制措施的实施会形成对特定利益集团的保护，或允许特定企业拥有市场权力。也就是说，通过政府规制干预来弥补市场的不完美要比市场自身修复昂贵得多。

第三，电子商务市场交易中的经济结果进一步对信用机制及政府规制行为产生重要影响。电子商务市场中信用机制的产生和发展受到两方面的影响。一方面，信用机制受到经济结果导致的市场自发产生的影响。例如，在电子商务市场中，买卖双方基于"经济人"假设而采取不同信用策略导致不同的经济结果。而不同的经济结果进一步影响到买卖双方下一次交易的信用策略，直至产生稳定的均衡。另一方面，经济结果会影响政府的规制行为，进而影响信用机制。政府行为往往要通过一些政治进程来实现，在这些政治进程中，各个利益集团都奋力争取对自己更加有力的政策。政府实施规制行为的动机来自某一交易中产生的经济结果，这一结果会使特定利益集团受益或受到损害。随之，这些利益集团就会通过各种方式促使政府机构变动规制策略，如果政府采纳了其中的一些建议，也就是说政府通过新的法律法规设置了新的政策标准，就会对市场结构和交易成本产生影响，进而使市场交易开始产生不同的经济结果，而这些经济结果会再次影响政府规制。综上所述，基于电子商务市场基础模型，本书对电子商务环境下的信用机制在电子商务市场中的作用机理、市场经济结果、政府规制对信用机制的作用，以及信用机制有效性的判断标准进行了详细论证。在电子商务市场基础模型中加入新的信用主体及作用机理，评估各种状态下的信用机制对销售者、购买者通过交易行为产生的总的净收益影响，能够为电子商务环境下的信用机制及其构建策略的研究奠定基础。

第三节 电子商务系统的实体模型分析

在一个基于声誉的电子商务系统中会涉及很多实体，为此我们将这些实体抽象出来，并加上实体之间的关系，构成了基于声誉的信任管理实体图（图2-6）。

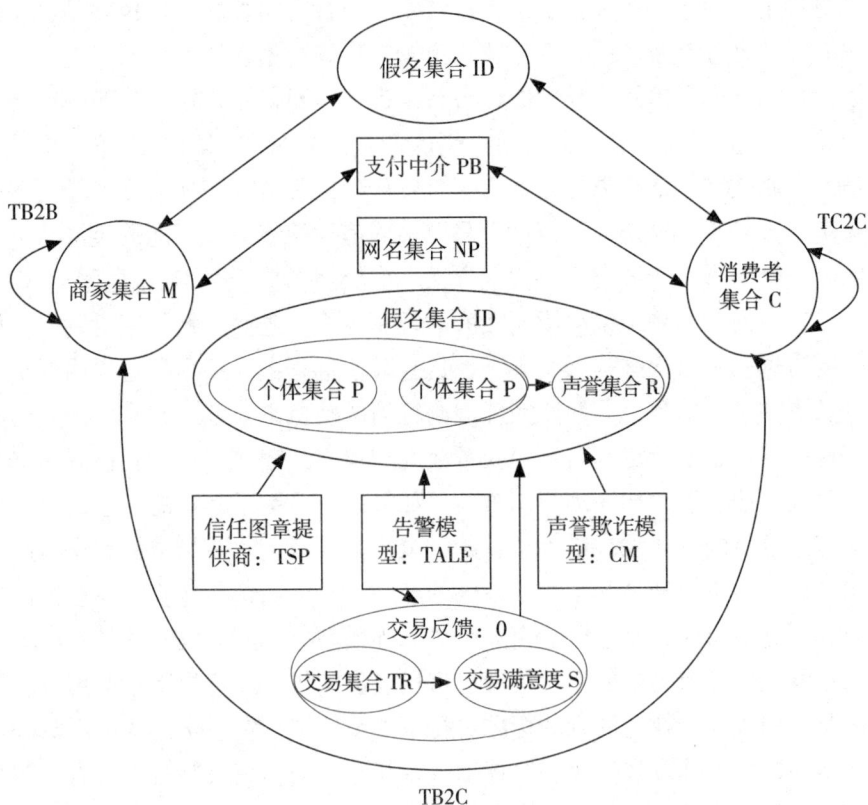

图 2-6　电子商务管理系统的实体模型

图中各个实体的含义如下：

（1）M：商家集合 $\{m_1, m_2, \cdots, m_n\}$ 代表电子商务社区中开设了网上商店的销售商，是电子商务社区中公布了较多真实信息的参与者。商家通常在银行中设有账户，还有可能购买了电子商务信任服务商的一些服务，如支付中介服务、保险服务、信任图章等。

（2）C：消费者集合 $\{c_1, c_2, \cdots, c_n\}$ 代表从电子商务社区中购买商品的人群。在目前的电子商务业务中，消费者通常处于弱势地位。商家通常要求消费者先付款，然后再送货，也有些交易是送货上门且货到付款的，此时消费者可能处于强势地位。此处最大的问题是消费者的可信度问题，他们可以重新注册一个用户来洗白自己不好的声誉。

（3）ID：假名集合记 $\{id_1, id_2, \cdots, id_n\}$。一个假名只用一次，专用于给定的交易对象。一个注册名可与多个假名对应，保证用户无法通过名字知道实际的评分人，以实现保密的要求。

（4）P：个体集合 $\{p_1, p_2, \cdots, p_n\}$，$P=M \cap C$，且假定 $M \cap C= \varphi$。

（5）PC：个体对偶集合 $\{pc_1, pc_2, \cdots, pc_n\}$。

（6）R：声誉集合，是一个二元组（rt, rr）的集合，个体的可信度为（rt, rr），其交易可信度为 rt，而其推荐可信度为 rr。

（7）PR：个体之间的声誉集合。

（8）TB2B：商家对商家的电子交易。可表示为（t, i, j, v），即在 t 时刻商家 i 与商家 j 完成了一笔金额为 v 的交易。

（9）TB2C：商家对消费者的电子交易。可表示为（t, i, j, v），即在 t 时刻商家 i 与消费者 j 完成了一笔金额为 v 的交易。

（10）TC2C：消费者对消费者的电子交易。可表示为（t, i, j, v），即在 t 时刻消费者 i 与消费者 j 完成了一笔金额为 v 的交易。

（11）TR：交易的集合。

（12）交易满意度，$S=[0, 1]$。

（13）O：交易反馈为一映射。

（14）NP：网民集合，可用网名的电子邮件来标识，消费者集合就是网民集合的子集。

（15）TSP：信任标志图章提供商的结合。信任标志图章的提供商通过 Web 界面为网络商业活动和策略提供担保。它审计网站所声明的隐私条款。如果隐私条款和信息透露达到特定的标准，则为该网站发信任图章，网站可以在显要位置公示。

（16）PB：支付中介集合。支付中介只是电子商务的一部分，它能检验贸易商的身份，合适的支付中介服务能增加顾客对电子商务的信任，支付中介也能帮助新的贸易商建立初始信任。

（17）CM：声誉欺诈模型库。作为模型库，通常要用特别的知识表达语言来描述。由于我们的个体关系图是用有向图来表示的，因此每个模式也要用有向图来表示。

第四节　不同信任管理形式模型探究

基于逻辑的形式模型的基础是形式逻辑，主要通过逻辑运算进行信任推理。，而信任推理涉及关于信念的推理，因此信任理论必须基于具有表达信念能力的逻辑。一般而言，信念表达了个体关于一个命题的主观意向，所以表达命题意向的逻辑应该能够表达"相信者与态度"之间的关系。典型的"一阶逻辑"处理这种关系的能力不够强。模态逻辑能够用模态操作符表达个体的信念，增强了命题逻辑和一阶逻辑的表达能力。因此，选择类型模态逻辑（TML）作为信任理论的基础。TML 是对一阶逻辑的扩充，用类型变量和模态操作符表达理性个体的信念。

一、TML 逻辑的类型

全局使用的基本原始类型有个体集 Ω、密钥集 X、字符串集 S、自然数集 N。本书假定个体集 $\Omega = \{A_1, A_2, \cdots, A_k\}$。必要时还引入其他原始类型。

构造类型为从已有的类型按以下递归规则构建新类型。

规则 1：若 T_1、T_2 是类型，则 $T_1 \times T_2$，$T_1 \to T_2$ 也是类型。

规则 2：给定函数 $f(X_1, \cdots, X_n)$，若其变量 $X_1, \cdots, X_n$ 的类型分别为 $T_1, \cdots, T_n$，函数的值域为 T，则函数 $f(X_1, \cdots, X_n)$ 的类型为 $T_1 \times \cdots \times T_n \to T$。

谓词是一种特殊的函数，其值域为布尔类型 B。$B=\{true，false\}$。

二、TML 逻辑的语法

TML 的消息和公式是两个不同的概念。消息是个体的名字、证书、公钥、私钥、日期、有特定意义的字符串，或者其他消息的组合或序列。

定义 1：TML 的消息的形式定义如下。

（1）若 X 是类型 T 的一个变量或常量，那么 X 是类型 T 的一个消息。

（2）若 $X_1, \cdots, X_n$ 分别为类型 $T_1, \cdots, T_n$ 的消息，且 n 元函数 $f(X_1, \cdots, X_n)$ 的类型为 $T_1 \times \cdots \times T_n \to T$，则 $f(X_1, \cdots, X_n)$ 是类型 T 的一个消息。

（3）X 是一个消息，当且仅当它是由上述形成规则产生的。

公式不是消息，公式有真假值，公式能表示个体的信念。

定义 2：TML 逻辑公式定义如下。

若 p 是一个 n 元谓词符号，且 $X_1, \cdots, X_n$ 是 p 中对应类型的消息，则 $p(X_1, \cdots, X_n)$ 是公式。

（1）若 X 是类型 T 的一个消息且 S 是 T 的元素的集合，则 $X \in S$ 是一个公式。

（2）X 和 Y 是消息，则 $X=Y$ 是一个公式。

（3）若 ϕ 和 ψ 是公式，则 $\neg\phi$ 和 $\phi \to \psi$ 也是公式。

（4）若 X 是公式 $\phi(X)$ 的一个自由变量，则 $\forall X \phi(X)$ 是一个公式。

（5）若 ϕ 是一个公式，则 $B_{Ai}\phi$ 是一个公式，$i=1，\cdots，k$，$A_i \in \Omega$。

模态操作符 $B_{Ai}\phi$ 表示"个体 A_i 相信 ϕ"。

公式中还能引入 $\wedge, \vee, \exists, \leftrightarrow$ 等逻辑操作。

三、TML 逻辑的语义

个体的信任主要来自个体关于系统全局状态的假设。可将个体与其信念决定的全局可能状态集合相关联。状态可能是真实的全局状态。个体不能根据其本地状态得出所在的全局状态，而仅能归纳出"某些全局状态是可能的"。因此，个体相信 ϕ 当且仅当 ϕ 在个体可能考虑的全局状态中是真的。而个体不相信 ϕ 当且仅当至少在个体可能考虑的一个全局状态中，ϕ 不是真的。

根据上述分析，可将 TML 逻辑的语义的形式定义为"可能世界语义"，用可能的全局状态作为信念的语义解释。

令 S 是状态集合，$T_1, \cdots, T_n$ 是变量定义域，$[Q \rightarrow T]$ 表示从类型 Q 到类型 T 的函数集合。在状态集合 S 上的解释（π）定义如下：

（1）每个变量赋值为一个相应类型的元素。

（2）类型 $T_{i_1} \times \cdots \times T_{i_n} \rightarrow T$ 的 n 元函数赋值为 $[T_{i_1} \times \cdots \times T_{i_n} \rightarrow T]$ 的一个元素。

（3）对每个状态 $s \in S$；若谓语中的 n 个变量的类型分别为 $T_{i_1}, \cdots, T_{i_n}$，则给每个 n 元谓语符号赋值为类型 $[T_{i_1} \times \cdots \times T_{i_n} \rightarrow B]$ 的一个元素。

对 S 中的每个状态，谓词都必须赋值。因此，不同状态下，赋值可以不同。

定义 3：（可能性关系）。

含 k 个个体的 Kripke 结构是一个多元组 $\langle S, \pi, R_{A_1}, \cdots, R_{A_k} \rangle$，其中 S 是全部全局状态的集合，π 是在 S 上的一个解释，$R_{A_i} (i = 1, \cdots, k)$ 为在 S 的全局状态上的关系，称为可能性关系。R_{A_i} 定义为 $(s, t) \in R_{A_i}$ 当且仅当个体 A_i 在全局状态 s 时认为全局状态 t 为可能（注意全局状态 s 包括 A_i 的本地状态信息）。

在 Kripke 结构上，若 f 是 n 元函数符，$f(e_1, \cdots, e_n)$ 是一个术语，则 $\pi[f(e_1, \cdots, e_n)] = \pi(f)[\pi(e_1), \cdots, \pi(e_n)]$。

$_w\phi$ 表示"ϕ 在 w 时为 true"或者"ϕ 在 w 时成立"，"iff"表示"当且仅当"。

第三章

▼
▼
▼

基于真实应用环境的 PKI 信任管理模型

第一节　Maurer 模型与创新

Maurer 模型主要考察系统用户实体间的信任关系构建，如图 3-1 所示。实体利用系统初始信任关系，根据模型设定的信任推导规则，推导建立与其他实体的信任关系。如果 A 直接信任为 B 签发证书的实体 X，则信任推导过程如图 3-1（a）；如果 A 不直接信任为 B 签发证书的实体 Y，通过推荐机制，由 X 向实体 A "推荐" Y 具有签发可信证书的能力，则信任推导过程如图 3-1（b）。在实际应用中，模型中的 X、Y 一般可以认为是证书签发机构（CA），而推荐机制中 X "推荐" Y 的行为可以等同于 X 签发了一张 CA 证书给 Y，根据 X、Y 之间的关系的不同，这张证书可能是层次 CA 证书、桥 CA 证书、交叉证书等。该模型中，Trust 和 Rec 谓词关系中均包含参数，标识信任传递的层次数量，如 Trust(A,Y,i) 标识实体 A 信任 Y 可以签发 i 层次的证书，即信任 Y 与用户 B 之间可以有 i 级信任关系，也就是 Y 与 B 之间可以有（$i-1$）个信任证书推荐签发实体。Maurer 模型是一个逻辑清晰、易用的信任架构，但当其被用于分析真实环境下的应用时，仍然存在谓词逻辑定义、信任参数选择和信任概率使用等问题。

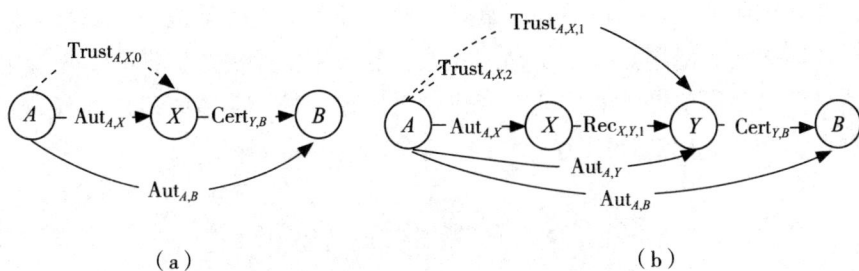

图 3-1 Maurer 模型信任关系推导

Rec (X, Y, i) 表明实体 X 签发了对 Y 证书签发能力的"推荐"。在实际应用中，这种推荐一般通过由 X 向 Y 签发 CA 证书完成，认证长度值参数 i 可以认为是 CA 证书扩展项"CA 证书认证长度"的取值加上 1。而原模型中 Cert (X, Y) 也可以表明 X 对 Y 签发了 CA 证书，此时两谓词功能有重叠。Aut (A, X) 被定义为实体 A 信任实体 X 对其公钥 Pbx 的占有，但在实际应用中，实体 A 更加关心实体 X 是否实际拥有私钥 Prx 以及 X 是否真实具有其声称的身份信息。

此外，莫勒（Maurer）认为"证书验证不属于证书信任机制的部分"，但实际 PKI 应用中，由于证书撤销等信任关系变更行为的存在，系统中的所有信任关系都不可能永远成立，不考虑证书撤销等信任关系变更因素的影响，无法建立真实应用环境下的 PKI 信任模型。

一些学者提出了对 Maurer 模型的改进和应用，比较典型的有以下几个：巴卡利不采用 Rec 谓词，而将路径约束、证书策略、名字约束等作为条件信任参数引入系统中。巴卡利引入 CondAut、NotRev 等谓词关系描述存在证书撤销机制的 PKI 信任模型，同时采用证书撤销率来作为 Cert 关系可信度的数值，改进了莫勒信任概率模型的现实意义。使用 Transfer 谓词取代 recommendation 谓词，并引入证书有效性模板、传输有效性模板等谓词以描述证书有效性对信任模型的影响。刘严格区分 CA 与用户实体的信任行为，使用认证路径长度和证书策略作为约束条件，简化了巴卡利条件谓词逻辑推理。

部分改进机制中也建立有 PKI 信任概率模型，采用数值区间 [0, 1]，[-1, 1] 或者金钱损失数额作为衡量信任度的方法。其他模型则采用一定约束条件下完全信任的方式，没有建立信任概率模型。

以上机制通过改进、新增谓词逻辑、新增信任条件参数等方式进一步完善了莫勒基于用户角度的 PKI 信任模型。但由于大部分机制仍基本沿用原有谓词关系和推导规则，不能根本解决上述提出的谓词定义问题，而新增多种谓词逻辑也给信息模型的使用效率带来了影响。同时，改进机制对信任参数的选择和使用比较随意，部分机制由于信任参数过于复杂，给信任关系推导造成很大困难，另一些机制对新增参数的使用意义不明确。此外，各模型中建立的信任概率模型主要用于评估多证书路径环境下的信任度变化，得出多路径下实体间信任度有提升的结论，对真实 PKI 应用意义不大。

第二节　PKI 信任模型设计

PKI 是一种更加符合真实应用环境的信任模型。首先，通过明确和调整原有模型各谓词关系及定义，为模型的构建创造条件。其次，对体系中造成信任关系变化的因素逐一分析，选择其中最为重要的信任因素作为模型参数。最后，根据新谓词关系和信任参数，建立真实环境下信任推导的规则。新构建的信任模型将更符合对 PKI 信任模型的原则性要求。

机制设计的基本原则是不随意增加机制中的谓词关系，并保持各谓词定义的独立性；不随意增加机制中的信任参数，引入直接关系到系统信任关系变化的参数；考虑可能直接影响系统信任关系的重要因素，如证书撤销机制等；机制能够描述绝大部分真实应用环境下的 PKI 信任体系，且描述过程准确、清晰、简洁。

一、谓词关系

一般认为，PKI 系统中的核心信任关系分为三类：

（1）实体 A 信任另一实体 B 的各类属性信息。

（2）实体 A 信任实体 X 具有签发可信数字证书的能力。

（3）实体 A 信任证书 C 有效。

二、参数选择

PKI 体系中可能影响信任关系成立的参数分为三类。

（1）证书关键信息：证书主体名（subject name）、主体别名（subject alternative name）、密钥用途（key usage）等。

（2）证书限制性信息：基本限制（basic constraints）、名称限制（name constraints）、策略限制（policy constraints）等。

（3）证书时效性信息：证书有效期印（validity）。

证书关键信息本身不直接体现信任信息，但由于签发证书时需要遵循一定的证书策略，而证书策略决定了部分证书关键信息的取值，因此可以认为证书签发策略是影响信任关系的重要参数。

证书限制性信息只出现在 CA 证书中，在信任传递过程中有不可替代的作用，其中基本限制防止了证书认证路径的无限扩张，名称限制可以限制某 CA 签发用户证书的 DN 命名，而策略限制防止了无限制策略映射带来的安全性问题。这三类限制均较广泛地应用在实际 PKI 系统中，直接关系到体系信任关系的有效性。

证书时效性信息对信任模型中信任关系的推导很重要，证书有效期标明了证书正常使用时间，是证书时效性的基础。该参数对描述各信任关系的时效性有重要作用。

根据分析，新机制对以上信任相关参数进行整合可引入以下信任参数：

（1）时间参数 T。下文中一般使用 T 代表时间区间 $[t_1, t_2]$，t_1 表示某时间点。

（2）证书签发策略 P。用户实体关心证书绑定的用户信息的准确性，CA 签发证书属性的准确性也需要作为信任关系是否成立的重要依据。通过上面的分析，CA 签发的证书属性会受到一定的限制，本机制中将这种对证书属性的限制统一定义为证书签发策略。

（3）证书认证路径 L。基本限制中的认证路径值可以较为直观地表示信任传递的过程，本机制中仍然沿用了该值。

三、信任关系变更

在 PKI 系统中，造成实体间信任关系变更的因素很多，如当实体密钥丢失时，Aut 关系就不能成立；当某证书签发实体密钥泄露，则该签发机构 Trust 关系不能成立；当某证书实体属性变更时，该实体原有证书 Cert 关系也不能成立。从以上可以看出，PKI 系统中，信任关系的变更经常发生。

其中，最为常见的信任关系变更是 Cert 关系变更，私钥泄露、证书丢失、实体属性变更等很多因素都会造成原有关系不成立，而由于证书是 PKI 信任机制的核心成果，如果它的正确性不能保证，将会直接影响其他信任关系的推导。

本书设计的信任模型也考虑证书撤销机制，但由于 Maurer 模型中没有反映相关含义的谓词逻辑，所以本书引入了 VerA（C，t）逻辑，基本含义是实体 A 信任证书在时间 t 时有效。

第三节 信任模型描述与应用

一、模型元素定义

通过上述分析和设计，笔者设计了一种基于真实环境的 PKI 信任模型，本节中将模型元素分为参与方、关系参数、相互关系三类。具体定义如下。

（一）参与方

Entity（E）实体集合。在本节中，实体可以是证书的使用者、验证者和签发者。

$E=\{e_1,\ e_2,\ e_3,\ e_4\}$

（二）关系参数

T：表示时间段 $[t_1,\ t_2]$。

t：某具体时间点。

D：系统信任域集合 $D=\{d_1,\ d_2,\ d_3,\ d_4\}$。

P：系统证书签发策略集合 $P=\{p_1,\ p_2,\ p_3,\ p_4\}=\{pd_1,\ pd_2,\ pd_3,\ pd_4\}$

A：系统实体属性集合 $A=\{a_1,\ a_2,\ a_3,\ a_4\}$

（三）相互关系

理论上，PKI 系统中各参与方均有可能产生相互信任关系，本机制中对信任逻辑关系的定义分为谓词逻辑和推导规则两部分。

1. 谓词逻辑

R1：$\mathrm{Aut}_{X,\ Y}(a,\ T)$。

X，Y 均为用户实体，该关系表明实体 X 信任实体 Y 在时间段 T 内拥有私钥 KY，并拥有真实的属性集合 a。本关系下实体 X 与 Y 间的关系可以表示为符号 $X \xrightarrow{a,T} Y$。

R2：$\mathrm{Trust}_{X,\ Y,\ i}(Pd_i,\ T)$。

X 为用户实体或 CA，而 Y 为 CA，该关系表明实体 X 信任实体 Y 在时间段 T 内，可信地签发符合策略集的证书。当 i 值为 0 时，表明 X 只信任 Y 向终端实体签发证书；当 i 值为大于 0 的正整数时，X 信任 Y 向其他 CA 签发证书。该谓词着重证明的是实体的签发证书能力。本关系下实体 X 与 Y 间的关系表示为符号 $X \xrightarrow{Pd_i,\ T} Y$。

R3：$\mathrm{Certt}_{X,\,Y,\,i}(Pd_X,\ T)$。

在策略集 Pd_X 下，实体 X 向实体 Y 签发了证书，该证书在时间段 T 内有效。当 i 值为 0 时，$\mathrm{Cert}_{X,\,Y,\,0}(Pd_X,\ T)$ 为实体证书；当 i 值为大于 0 的正整数时，$\mathrm{Cert}_{X,\,Y,\,i}(Pd_X,\ T)$ 为 CA 证书。本关系下实体 X 与 Y 间的关系表示为符号 $X\xrightarrow[i]{P,T}Y$

R4：$\mathrm{Ver}_X(C,\ t)$。

实体 X 信任证书 C 在 t 时有效。证书有效性检查主要包括检查证书是否已被撤销等。

一般认为，PKI 体系的主要目标是证书实体间通过数字证书建立对身份的互相信任。在本书机制下，如果实体 X 希望验证 Y 在时间 t 时属性集合 a 是否真实可信，且该实体属性包括公钥是否通过证书形式绑定在证书 C 中，该证书的签发是否符合一定的证书签发策略 p，那么通过 PKI 信任模型，需要建立 X/Y 实体间的关系，即需要推导出关系：$\mathrm{Aut}_{X,Y}(a,\ t)$，其中 $a\sim p$，$t\in T$。

2. 推导规则

系统中的信任关系推导规则：

DR1：$\forall X,\ Y,\ Z\in E,\ X\in d_x,\ Y\in d_y,\ t\in\{T_0\cap T_1\},\ p_0,\ p_1\subseteq P_{d_y}$

$\mathrm{Trust}_{X,Y,0}(P_0,\ T_0),\ \mathrm{Ver}_X(\mathrm{Cert}_{Y,Z,0}(P_1,\ T_1),\ t)\ \vdash\mathrm{Aut}_{X,Z}(a,\ T_Z)$

$a\sim P_0\cap P_1,\ T_Z=[t,\ \max(T_0\cap T_1)]$

DR2：$\forall X,\ Y,\ Z\in E,\ X\in d_x,\ Y\in d_y,\ t\in\{T_0\cap T_1\},\ i\geqslant 0,\ p_0,\ p_1\subseteq P_{d_y}$

$\mathrm{Trust}_{X,1+1}(P_0,\ T_0),\ \mathrm{Ver}_X(\mathrm{Cert}_{Y,Z_i+1}(P_1,\ T_1),\ t)\ \vdash\mathrm{Trust}_{X,Z,i}(P_ZT_Z)$

$P_Z\subseteq P_0\cap P_1,\ T_Z=[t,\ \max(T_0\cap T_1)]$

使用以上推导规则进行信任关系推导的基本方法是将实体用户拥有的系统初始信任关系集合作为信任模型的输入，使用系统信任关系规则 DR1/DR2，推导出一组新的信任关系集合。

二、简单推导过程

图 3-2（a）是信任关系推导规则 DR1 的图形法表示，图 3-2（b）则描述了一个较为简单的信任推导例子。

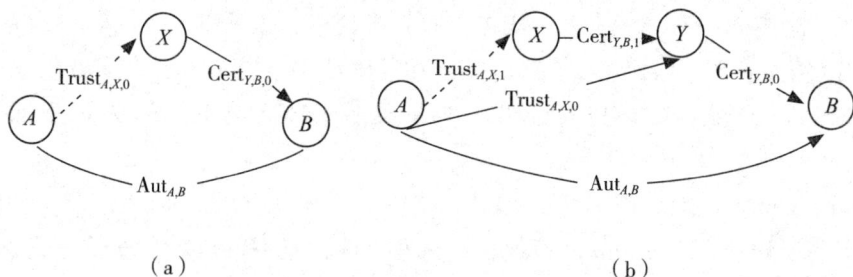

（a）　　　　　　　　　　　　　（b）

图 3-2　真实 PKI 模型信任关系推导

实体 A 的初始信任关系为

$$\text{View}_A = \left\{ \text{Trust}_{A,X,1}(P_0,\ T_0),\ \text{Cert}_{X,Y,1}(P_1,\ T_1),\ \text{Cert}_{Y,B,0}(P_2,\ T_2) \right\}$$

其中，$t \in T_0 \cap T_1 \cap T_2,\ P_0,\ P_1 \subseteq P_{dv},\ P_2 \subseteq P_{dy}$。

分别根据规则 DR1、DR2：

$$\text{Trust}_{A,X,1}(P_0,\ T_0),\ \text{Ver}_A\left(\text{Cert}_{X,Y,1}(P_H,\ T_1),\ t\right) + \text{Trust}_{A,Y,0}(P_Y,\ T_Y)$$

$$\text{Trust}_{X,0}(P_Y,\ T_Y),\ \text{Ver}_X\left(\text{Cert}_{Y,B,0}(P_{2,T_2}),\ t\right) + \text{Aut}_{X,B}(a,\ T_B)$$

其中，$P_Y \subseteq P_0 \cap P_1,\ T_Y = \left[t,\ \max(T_0 \cap T_1)\right],\ \text{ac } P_0 \cap P_1 \cap P_2,\ T_B = [t,\ \max(T_0 \cap T_1 \cap T_2)]$。此时 A 在时间 t 时拥有的信任关系为

$$\overline{\text{View}}_A = \text{View}_A \cup \left\{\text{Trust}_{A,Y,0}(P_Y,T_Y),\ \text{Aut}_{X,B}(a,T_B)\right\}$$

三、模型应用

由于现实世界中信任关系纷繁复杂，架构在现实信任关系基础上的 PKI 系统也结构迥异。相对抽象的 PKI 信任逻辑结构需要能够为各种不同架构的系统建立信任模型。在实际应用中，该信任逻辑不仅能够分析同一信任域中 PKI 体系中的信任问题，还要能够分析不同信任域各独立 PKI 系统间的交叉信任问题。

下文将应用本书中提出的信任逻辑分析严格层次 CA 和桥 CA 这两种典型结构下的实体间信任关系。

（一）层次 CA 架构

在同一信任域中部署 PKI 系统，最为常见的方式为严格层次结构。系统中存在有唯一的根 CA 作为信任锚，由根 CA 向下属级别子 CA 签发 CA 证书，最后一级子 CA 为用户实体签发实体证书。

图 3-3 所示系统中，实体集合为 $E = \{E_0, E_1, E_2, \cdots, E_{11}\}$，其中 E_0 为系统根 CA，

$E_1 \sim E_6$ 为各级系统子 CA，对应的证书签发策略集合为 $P = \left\{ P_{E_0}, P_{E_1}, \cdots, P_{E_6} \right\}$，由于在严格层次 CA 中，根 CA 为信任锚，系统其他实体均信任根 CA 具有签发可信证书的能力，即 $\forall E_i \in E$，$\text{Trust}_{E_t, E_0}(P_{E_0}, T_{E_0})$ 关系成立。

系统中上级 CA 向下级 CA 颁发有 6 个 CA 证书，分别表示为 $\text{Cert}_{E_0, E_{1,2}}(P_{E_{01}}, T_{ECA})$，$\text{Cert}_{E_0, E_{2,2}}(P_{E_{02}}, T_{E_{02}})$，$\text{Cert}_{E_1, E_{3,1}}(P_{E_{13}}, T_{E_{13}})$ $\text{Cert}_{E_1, E_{4,1}}(P_{E_{14}}, T_{E_{14}})$，$\text{Cert}_{E_2, E_{5,L}}(P_{E_{25}}, T_{E_{25}})$，$\text{Cert}_{E_2, E_{6,1}}(P_{E_{26}}, T_{E_{26}})$。

其中，$P_{E_{ij}} \subseteq P_{E_i}$。

$E_3 \sim E_6$ 为最后一级 CA，根据图 3-3 所示结构分别为终端实体签发用户实体证书。

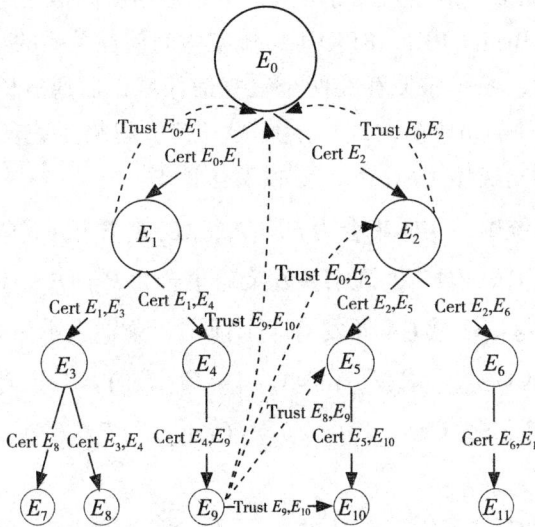

图 3-3　严格层次信任模型

选取任意两个终端实体 E_9、E_{10}，假设场需要信任 E_{10} 的确是其实体证书绑定的属性信息的拥有者，使用本书中提出的信任逻辑模型，可以很方便地描述这一信任关系建立的过程。

根据系统架构的特点，E_9 能够获取的初始信任关系为

$$\text{View}_{E_9} = \left\{ \text{Trust}_{E_9, E_{0,2}}(P_{E_{90}}, T_{E_{90}}), \text{Cert}_{E_0, E_{2,2}}(P_{E_{02}}, T_{E_{02}}), \text{Cert}_{E_2, E_{5,1}}(P_{E_{25}}, T_{E_{25}}), \text{Cert}_{E_5, E_{10,0}}(P_{E_{510}}, T_{E_{510}}) \right\}$$

根据 DR1，DR2 推导规则，进行如下推导：

当前时间 $t P_{E_{90}} P_{E_{02}} \subseteq P_{E_0} P_{E_{92}}, P_{E_{25}} \subseteq P_{E_2}, P_{E_{95}} P_{E_{510}} \subseteq P_{E_5}$

$$\text{Trust}_{E_9, E_{0,2}}(PE_{90}, T_{E_{90}}), \text{Ver}_{E_9}(\text{Cert}_{E_0, E_{2,2}}(P_{E_{02}}, T_{E_{02}}), t) + \text{Trust}_{E_9, E_{2,1}}\left(P_{E_{92}}, T_{E_{92}} \right)$$

$$\text{Trust}_{E_9,E_{2,1}}\left(P_{E_{92}},T_{E_{92}}\right),\text{Ver}_{E_9}\left(\text{Cert}_{E_2,E_{5,1}}\left(P_{E_{25}},T_{E_{25}}\right),t\right)-\text{Trust}_{E_9,E_{5,0}}\left(P_{E_{95}},T_{E_{95}}\right)$$

$$\text{Trust}_{E_9,E_{5,0}}(P_{E_{95}},T_{E_{95}}),\text{Ver}_{E_9}\left(\text{Cert}_{E_5,E_{10,0}}\left(P_{E_{510}},T_{E_{510}}\right),t\right)\text{Aut}_{E,E_{10}}\left(a,T_{E_{910}}\right)$$

$$P_{E_{92}}\subseteq P_{E_{90}}\cap P_{E_{02}};\quad P_{E_{95}}\subseteq P_{E_{92}}\cap P_{E_{92}}\ P_{E_{910}}\subseteq P_{E_{95}}\cap P_{E_{510}};\quad T_{E_{92}}\in T_{E_{90}}\cap T_{E_{02}};\quad T_{E_{95}}\in T_{E_{92}}\cap T_{E_{25}}$$

如果当前时间 $t\in T_{E_{95}}\cap T_{E_{510}}$。证书签发内容 a 符合签发策略集 $P_{E_{910}}$ 要求，E_9 可以认为 E_{10} 的确是其实体证书 $\text{Cert}_{E_5,E_{10,0}}$ 绑定的属性信息的拥有者。

（二）桥 CA 架构

由于现实世界中信任域的多样性，不同信任域中部署有各自的 PKI 系统，因此信任模型需要能够描述不同信任域实体间的信任关系。常见的跨域 PKI 信任架构有桥 CA、交叉证书、信任列表等方式，本书使用新的信任逻辑结构描述桥 CA 结构下 PKI 系统（Bridge PKI，BPKI）跨域实体间信任关系的建立。

如图 3-4 所示，系统中原存在两个独立信任域，后通过桥 CA（E_0）建立相互间的信任关系。域 CA（E_1，E_2）与桥 CA（E_0）间相互签发交叉证书。同时，E_1，E_2 为所属域用户实体（E_3，E_4）签发实体证书。

图 3-4 所示系统中，实体集合为 $E=\{E_0,E_1,E_2,E_3,E_4\}$，其中 E_0 为系统桥 CA，E_1，E_2 为各信任域 CA，对应的证书签发策略集合为 $P=\{P_{E_0},P_{E_1},P_{E_1}\}$

系统中桥 CA 与信任域 CA 颁发有 4 个证书，分别表示为 $\text{Cert}_{E_0,E_{1,1}}(P_{E_{01}},T_{E_{01}})$，$\text{Cert}_{E_0,E_{2,1}}(P_{E_{02}},T_{E_{02}}),\text{Cert}_{E_1,E_{0,2}}(P_{E_{10}}T_{E_{10}}),\text{Cert}_{E2,E0,2}(P_{E_{20}},T_{E_{20}})$，其中 $P_{E_{ij}}\subseteq p_{E_i}$。

E_3，E_4 的实体证书为 $\text{Cert}_{E_1,E_{3,0}}(P_{E_{13}},T_{E_{13}}),\text{Cert}_{E_2,E_{4,0}}(P_{E_{24}},T_{E_{24}})$。其中，$P_{E_{13}}\subseteq p_{E_1}$；$P_{E_{24}}\subseteq p_{E_2}$。

$\text{View}_{E_3}=\left\{\text{Trust}_{E_3,E_{1,2}}(P_{E_{31}},T_{E_{31}}),\text{Cert}_{E_0,E_{2,1}}(P_{E_{02}},T_{E_{02}}),\text{Cert}_{E_2,E_{4,0}}(P_{E_{24}},T_{E_{24}})\right\}$ E_3 建立对 E_4 信任关系的推导流程如下：

$$P_{E_{31}},P_{E_{10}}\subseteq P_{E_1},P_{E_{30}}\ P_{E_{02}}\subseteq P_{E_0},P_{E_{32}},P_{E_{24}}\subseteq P_{E_2}$$

$$\text{Trust}_{E_3,E_{1,2}}(P_{E_{31}},T_{E_{31}}),\text{Ver}_{E_3}\left(\text{Cert}_{E_1,E_{0,2}}(P_{E_{10}},T_{E_{10}}),t\right)\text{Trust}_{E_3,E_{0,1}}(P_{E_{30}}T_{E_{30}})$$

$$\text{Trust}_{E_3,E_{0,1}}(P_{E_{30}},T_{E_{30}}),\text{Ver}_{E_9}\left(\text{Cert}_{E_0,E_{2,1}}(P_{E_{02}},T_{E_{02}}),t\right)\text{Trust}_{E_3,E_{2,0}}(P_{E_{32}},T_{E_{32}})$$

$$\text{Trust}_{E_3,E_{2,0}}(P_{E_{32}},T_{E_{32}}),\text{Ver}_{E_9}\left(\text{Cert}_{E_2,E_{4,0}}(P_{E_{24}},T_{E_{24}}),t\right)\text{Aut}_{E_3,E_4}(a,T_{E_{34}})$$

$$P_{E_{30}}\subseteq P_{E_{31}}\cap P_{E_{10}};\quad P_{E_{32}}\subseteq P_{E_{30}}\cap P_{E_{02}};\quad T_{E_{30}}\in T_{E_{31}}\cap T_{E_{10}};\quad T_{E_{32}}\in T_{E_{30}}\cap T_{E_{02}};\quad P_{E_{34}}\subseteq P_{E_{32}}\cap P_{E_{24}}$$

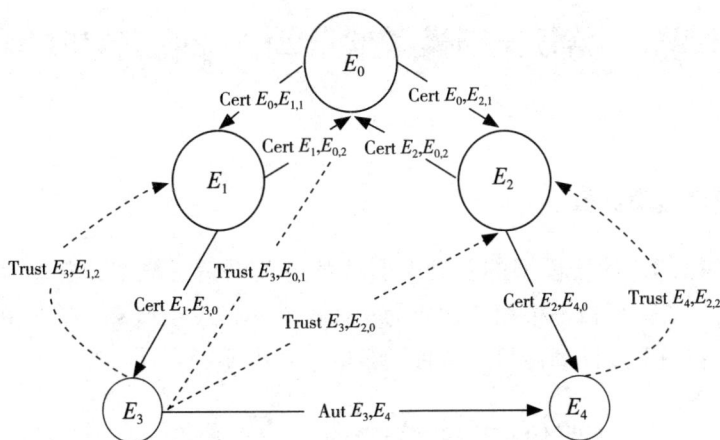

图 3-4 桥（BPKI）信任模型

如果当前时间 $t \in T_{E_{32}} \cap T_{E_{244}}$，证书签发内容 a 符合签发策略集合 $P_{E_{34}}$ 要求，E_3 可以认为 E_4 的确是其实体证书 $CertE_2, E_{4,0}$ 绑定的属性信息的拥有者。

（三）其他应用架构

本书中提出的信任逻辑关系还可以应用于其他架构 PKI 系统，如交叉信任（CrossPKI, CPKI）和 NestPKI（NPKI），分别如图 3-5（a）和图 3-5（b）所示。

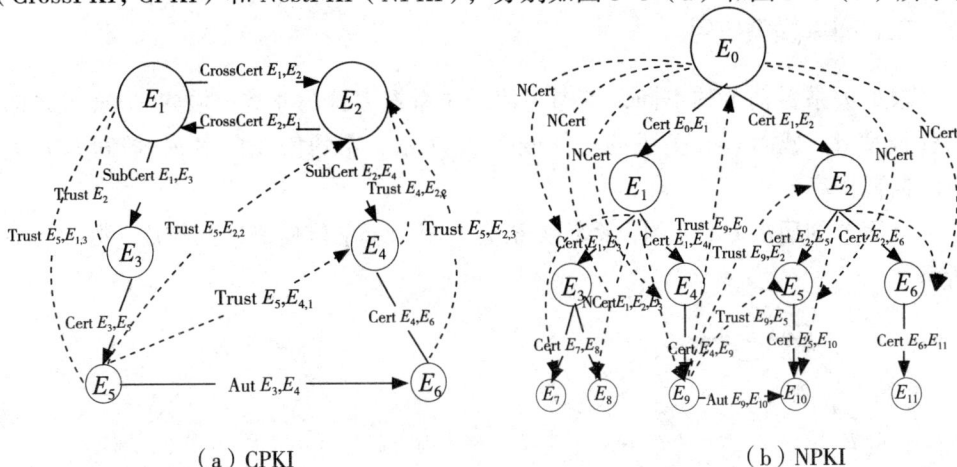

（a）CPKI　　　　　　　　　　　（b）NPKI

图 3-5 其他信任模型

第四节　信任概率模型与非集中式证书信任模型

一、信任概率计算

Maurer 在 PKI 信任模型的基础上引入状态关系信任概率，并建立了 PKI 信任概率模型。该信任概率模型的输入为实体已知信任关系概率，通过 PKI 信任模型的分析，利用下式计算出目标信任关系的信任概率。

$$conf(S) = P(S \in \overline{\text{View}_E}) = \sum_{V \subseteq S_A, S \in \overline{Y}} P(V) \tag{3-1}$$

$$P(V \subseteq \text{View}_E) = \prod_{S \in V} p(S) \tag{3-2}$$

Maurer 建立 PKI 信任概率模型的主要目的是考察实体间多信任路径对信任概率的影响，结论是当实体间存在多信任路径时，其信任度会相应增加。下面笔者将通过比较不同 PKI 信任架构下实体间信任度存在的差别，研究 PKI 信任架构对实体间信任度的影响。

二、概率模型应用

根据关系置信度的不同，本书将信任关系概率分为 4 类：域内 Trust 关系的信任概率 α，域内 Cert 关系的信任概率 β，Ver 关系的信任概率 γ，域间 Cert 关系的信任概率 ε。

以简单的层次 CA 为例，系统关系概率图显示了信任概率的形成，如图 3-6 所示。

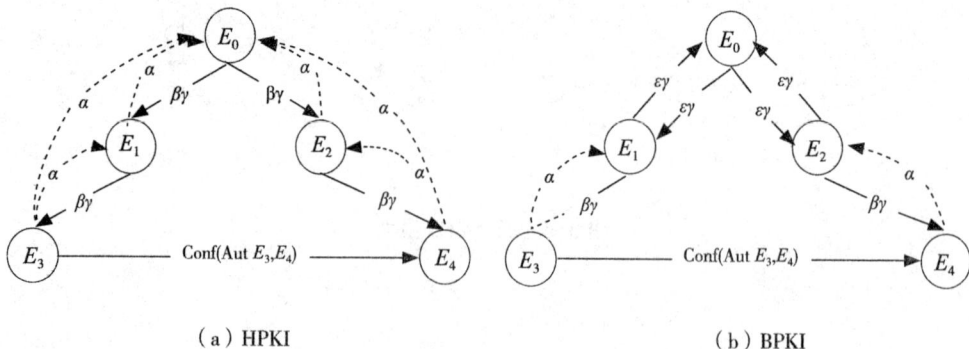

（a）HPKI　　　　　　　　　　（b）BPKI

图 3-6　信任概率模型

$$\text{View}_{E_3} = \left\{ \text{Trust}_{E_3,E_{0,1}}, \text{Cert}_{E_0,E_{2,0}}, \text{Cert}_{E_2,E_4} \right\}$$

$$\operatorname{con} f(\text{Aut}_{E_3,E_4}) = P(S_{E_3} \subseteq \text{View}_{E_3}) = \prod_{\bar{s} \in V_{iiw}\xi_3} p(\bar{S})$$

$$\operatorname{Con} f_{\text{HFKI}}(\text{Aut}_{E_3,E_4}) = p(\text{Trust}_{E_3,E_{0,1}}) \times p(\text{Ver}_{E_0,E_3}(\text{Cert}_{E_0,E_{2,0}})) \times p(\text{Ver}_{E_2,E_3}(\text{Cert}_{E_2,E_4}))$$

$$= \alpha \cdot \beta \cdot \gamma \cdot \beta \cdot \gamma = \alpha\beta^2\gamma^2$$

当采用桥 CA 体系时，E_0 为桥 CA，如图 3-6（b）所示：

$$\text{View}_{E_3} = \left\{ \text{Trust}_{E_3,E_{1,2}}, \text{Cert}_{E_1,E_{0,1}} \text{Cert}_{E_0,E_{2,0}} \text{Cert}_{E_2,E_4} \right\}$$

$$\operatorname{Conf}_{\text{BPKI}}(\text{Aut}_{E_3,E_4}) = p(\text{Trust}_{E_3,E_{1,2}}) \times p(\text{Ver}_{E_1,E_3}(\text{Cert}_{E_1,E_{0,1}}))$$

$$\times p(\text{Ver}_{E_0,E_3}(\text{Cert}_{E_0,E_{2,0}})) \times p(\text{Ver}_{E_2,E_3}(\text{Cert}_{E_2,E_4}))$$

$$= \alpha \cdot \varepsilon \cdot \gamma \cdot \varepsilon \cdot \gamma \cdot \beta \cdot \gamma = \alpha\beta\varepsilon^2\gamma$$

如果 E_1 与 E_2 间通过相互签发交叉证书的方式建立信任路径，则

$$\text{View}_{E_3} = \left\{ \text{Trust}_{E_3,E_{1,1}}, \text{Cert}_{E_1,E_{2,0,C}} \text{Cert}_{E_2,E_4} \right\}$$

$$\operatorname{Con} fcPK(\text{Aut}_{E_3,E_4}) = p(\text{Trust}_{E_3,E_{1,1}}) \times p(\text{Ver}_{E_1,E_3}(\text{Cert}_{E_1,E_{2,0}})) \times p(\text{Ver}_{E_2,E_3}(\text{Cert}_{E_2,E_4}))$$

$$= \alpha \cdot \varepsilon \cdot \gamma \cdot \beta \cdot \gamma = \alpha\beta\varepsilon\gamma^2$$

同理，当采用 NestCA 架构时：

$$\text{View}_{E_3} = \left\{ \text{Trust}_{E_3,E_{0,1}}, \text{Cert}_{E_0,E_2-E_4}, \text{Cert}_{E_0,E_{2,0}}, \text{Cert}_{E_2,E_4} \right\}$$

$$\operatorname{Con} f_{\text{NPK1}}(\text{Aut}_{E_3,E_4}) = p(\text{Trust}_{E_3,E_{0,1}}) \times p(\text{Ver}_{E_0,E_3}(\text{Cert}_{E_0,E_2-E_4})) \times p(\text{Ver}_{E_0,E_3}(\text{Cert}_{E_0,E_{2,0}}))$$

$$\times p(\text{Ver}_{E_2,E_3}(\text{Cert}_{E_2,E_4}))$$

$$= \alpha \cdot \beta \cdot \gamma \cdot \beta \cdot \gamma \cdot \beta \cdot \gamma = \alpha\beta^3\gamma^3$$

三、各架构信任概率

$\forall E_i \in D_t, E, \in D_j, \text{TrustLen}(E_i, E_j) = N$，即 E_i 与 E_j 间的信任路径长度为 N。HPKI 架构中，当 E_i 与 E_j 间体间仅有一个根 CA，其他（$N-1$）为各级别子 CA：

$$\operatorname{Con} f_{\text{HFKI}}(\text{Aut}_{E_i,E}) = \alpha\beta^N\gamma^N \tag{3-3}$$

BPKI 架构中，当 E_i 与 E_j 间通过一个桥 CA 连接 E_i 与 E_j 所属域：

$$\operatorname{Con} f_{\text{CPKI}}(\text{Aut}_{E_i,E_j}) = \alpha\varepsilon\beta^{N-1}\gamma^N \tag{3-4}$$

CRKI 架构中，当 E_i 与 E_j 所属信任域中 CA 互相签发交叉证书，建立信任关系：

$$\mathrm{Con}f_{\mathrm{CPKI}}(\mathrm{Aut}_{E_i,E_j}) = \alpha\varepsilon\beta^{N-1}\gamma^N \qquad (3-5)$$

NPKI 架构中，当 E_i 与 E_j 所属信任域间建立 NPKI 机制：

$$\mathrm{Con}f_{\mathrm{NPKI}}(\mathrm{Aut}_{E_i,E_j}) = \alpha\beta^{2N-1}\gamma^{2N} \qquad (3-6)$$

还有另外两种情况需要考虑：

BPKI 架构中，当 E_i 与 E_j 间通过 K 个桥 CA（$K<N-1$）连接所属域：

$$\mathrm{Con}f_{\mathrm{BPKI}}(\mathrm{Aut}_{E_i,E_j}) = a\varepsilon^{k+I}\beta^{N-k-1}\gamma^N \qquad (3-7)$$

CPKI 架构中，当 E_i 与 E_j 所属信任域中其中有 K 个 CA（$K<N+1$）间相互签发交叉证书

$$\mathrm{Con}f_{\mathrm{CPKI}}(\mathrm{Aut}_{Ei,Ej}) = \alpha\varepsilon^{k-1}\beta^{N\cdot k+I}\gamma^N \qquad (3-8)$$

四、信任概率比较

为了比较各 PKI 架构对实体间信任度的影响，对主要信任关系信任概率设置如下值：域内 Trust 关系的信任概率为 $\alpha = 0.95$，域内 Cert 关系的信任概率 $\beta=0.9$，Ver 关系的信任概率为 $\gamma = 0.75$，域间 Cert 关系的信任概率为 $\varepsilon =0.8$。

利用上式，计算不同 N 值下，各架构实体间信任度数值（图 3-7）。

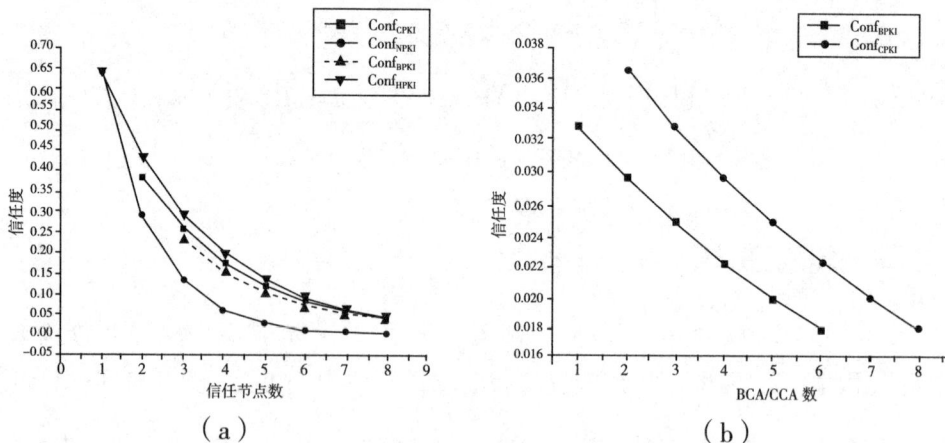

图 3-7 不同 PKI 架构下的信任度比较

从图 3-7（a）中的信任曲线可以看出，实体间信任度随着信任节点的增加而下降，这真实地反映了现实 PKI 应用中，信任链路越长，实体证书信任度越

低。当 N 值达到 8（标准的最大值）时，各类型 PKI 架构下，实体间信任度均很低。此外，在几种典型的 CA 架构中，传统 HPKI 架构中实体间信任度相对较高，BPKI 和 CPKI 稍低，而 NPKI 相对最低；当实体间信任链路增加时，各 CA 架构中实体信任度均相应下降并趋同。

图 3-7（b）中，考察在信任路径固定时，BPKI 系统中桥 CA、CPKI 系统中交叉证书数量对实体间信任度的影响，如固定 N 为 8，变化 K 值，可以看出在信任路径长度固定的情况下，实体间信任度随着桥 CA 或交叉证书数量的增加而下降，这真实地反映了现实 PKI 应用中，证书路径中跨域次数越多，造成的实体间信任度下降越严重。

γ 反映的是证书在时刻 t 时的有效性，在实际应用中，可以使用该系统证书的撤销率作为 γ 值。

$$W_R = \frac{吊\blacklozenge\blacklozenge\blacklozenge\blacklozenge}{所有\blacklozenge\blacklozenge\blacklozenge}$$

在本书中，假定系统中所有证书的撤销率相同，$W_R \in [0,1]$，取 $N=8$，计算不同 W_R 下的实体间信任度。信任度曲线图（图 3-8）体现了证书撤销率与系统实体间信任度的关系。

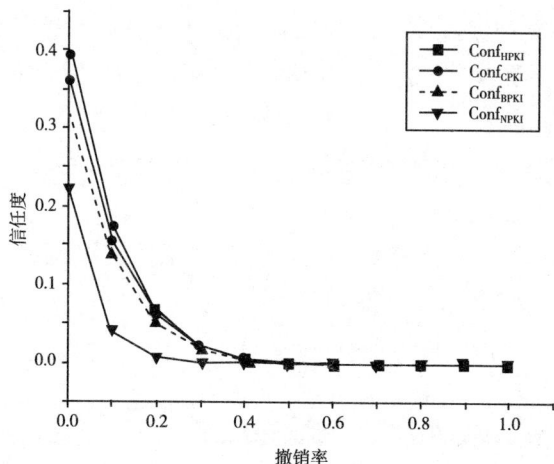

图 3-8 证书撤销率—信任度曲线

从图 3-8 中可以看出，随着该系统证书撤销率的增加，实体间信任度迅速下降，当证书撤销率达到 20% 以上时，证书可信度很低。这真实地反映出证书撤销率高的系统中系统证书实体的可信度较低。在现实应用中，一般可信 PKI 系统的证书撤销率均在 10% 以下。

但也需要注意，上文中计算实体间信任度时使用的信任关系概率均为固定的经验值，而在实际应用中，不同使用环境下各信任关系概率变化很大。以上关于PKI信任概率的研究只是一般情况，并不适用所有真实应用，在实际应用中，需要结合具体情况进行信任概率分析。

（一）分布式信任模型设计

本书构建了一种分布式信任模型，该模型结合原有集中式信任模型的优点，充分考虑分布式应用环境的特点，适用于描述各类分布式应用中的信任关系。该信任模型基于简洁合理的谓词关系，引入信任门限的概念，建立有分布式确定性信任推导规则和基于概率逻辑的信任评估方法。

模型设计的基本原则如下：谓词关系简单明确，并保持各谓词定义的独立性；引入的信任门限具有明确的现实意义；模型能够描述各类不同分布式应用环境下的信任体系，且描述过程准确、清晰、简洁。

下面分别简要介绍新模型中的谓词关系、信任门限和模型基本描述等。

1.谓词关系

分布式应用环境下的信任机制需要考虑两类核心信任关系：

（1）节点 A 对另一节点 B 属性信息的信任。

（2）实体 A 对节点 X 评估其他实体信任度的能力的信任。

实际应用中，实现系统节点间身份认证是建立分布式信任体系的主要目的，笔者认为实现信任关系（1）是分布式信任模型推导的主要目的。

关系（2）体现的是信任主体对评估节点评估能力的信任。由于分布式系统中不存在中心节点作为信任体系的核心，可以认为信任关系（2）是分布式机制信任模型推导的主要手段。

与一般概率模型不同，本书将节点本身的可信度与节点评估能力的可信度进行了区分，模型主要定义了三类谓词逻辑。

（1）状态谓词：Auth，TransferTrust。

（2）动作谓词：Trust，Rec。

（3）信任度计算谓词：C{谓词，信任值计算方法，信任门限}。

2.信任门限

与集中式信任模型相比，分布式信任模型中需要引入信任门限，以方便描述节点间信任关系的建立。定义有两类信任门限：节点属性信任门限值 θ 与节点评估信任门限值 ψ，这与上文将节点本身的可信度与节点评估能力的可信度分开相一致。当节点间信任度超过属性信任门限值 θ，信任主体认为客体节点为可信节点（客体节点具有所声称的身份），而当节点间信任度超过了评估信任门限值 ψ，信任主体认为客体节点为可信评估节点（客体节点具有可信推荐其他节点的能力）。在一些分布式信任机制中，不区分节点自身的可信能力与其信任评估能力，此时 $\theta = \psi$。

3. 信任模型描述

通过上文的分析和设计，我们设计了一种分布式环境的信任模型（DCTM），该模型使用有向图 $G(V, E)$ 表示，其中顶点 V 在图中代表分布式系统中的任意节点；E 为节点间的边，表示两个节点间的关系。表 3-1 中描述了模型定义的系统参数、谓词关系、信任门限的符号定义。

表 3-1　DCTM 符号定义

符　号	含　义
$\{\mathrm{Trust}\ V_i(V_s, V_o)\}$	V_s 计算得到的部分信任关系所对应的信任值
$[\mathrm{Trust}\ (V_s, V_o)]$	V_s 计算得到的完全信任关系所对应的信任值
$P\{R\}$	V_s 计算一定关系所对应的信任值，其中的 R 可以为以上任何关系
θ	信任门限值
ψ	评估信任门限值
A_x	X 节点推荐节点的可信度矩阵
Γ_x	X 节点的评估节点的评估值矩阵
V	系统节点集合，$V=\{V_1, V_2, V_3, V_4\}$
V_s	信任主体节点
V_o	信任客体节点
V_i, V_j, V_x	系统中的信任评估节点
$\mathrm{Auth}\ (V_s, V_i)$	V_s 对 V_i 的身份属性信任
$\mathrm{Trust}\ (V_s, V_o)$	V_s 对 V_o 身份属性的全面信任关系
$\mathrm{Trust}\ V_i\ (V_s, V_o)$	V_s 对 V_o 身份属性的部分信任关系 （通过节点 V_i 的评估）
$\mathrm{TransferTrust}\ (V_s, V_i)$	V_s 对 V_i 评估其他节点能力的信任关系
$\mathrm{Rec}\ (V_i, V_o)$	节点 V_i 对节点 V_o 的评估关系

4. 信任关系推导

分布式系统中的信任关系推导规则：

$$\forall V_s, V_o, V_i, V_j, V_k, V_x \in V$$

DR1：

$$\text{TransferTrust}(V_s, V_i), \text{Rec}(V_i, V_o) \rightarrow \text{Trust}_{vi}(V_s, V_o)$$

规则一：信任主体 E_s 选择可信评估节点 V_i 对信任客体 V_o 的信任度进行评估，从而可以得到信任主体对客体的部分信任关系。

DR2：

$$C\left[\text{Trust}(V_s, V_o), P\{R\}, \theta\right] \rightarrow \text{Auth}(V_s, V_o)$$

$$C\left[\text{Trust}(V_s, V_o), P\{R\}, \psi\right] \rightarrow \text{TransferTrust}(V_s, V_o)$$

$$P\{R\} = P\left[\text{Trust}(V_s, V_o)\right] = P\left[\text{Trust}_{V_s}(V_s, V_o), \text{Trust}_v(V_i, V_o), \text{Trust}_{V_k}(V_k, V_o)\right]$$

规则二：信任主体 V_s 搜集提供客体 V_o 信任度的所有评价（包括自身评价），根据一定的本地规则，得出对信任客体的信任度数值 $P\{R\}$，通过与信任门限 θ / ψ 进行比较，从而得出对信任客体的信任关系。

5. 模型应用

以普通的分布式应用环境为例（图3-9），利用模型描述了该环境下信任主体节点 V_s 与信任客体 V_o 间信任的构建过程：

$$\forall V_s, V_o, V_i, V_j, V_k \in V$$

$$\text{View}vs = \{\text{TransferTrust}(V_s, V_i), \text{TransferTrust}(V_s, V_j), \text{Rec}(V_s, V_k), \text{Rec}(V_i, V_k),$$

$$\text{Rec}(V_j, V_k), \text{Rec}(V_k, V_o), \text{Rec}(V_i, V_o), \text{Rec}(V_j, V_o)\}$$

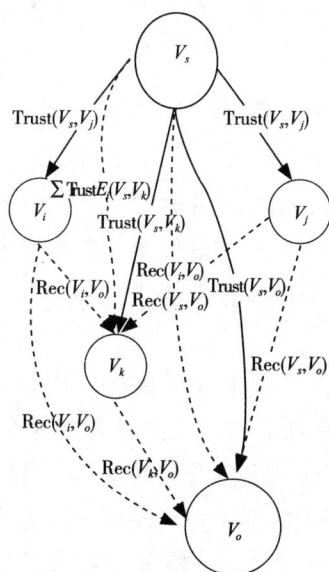

图 3-9　普通的分布式应用环境

推导过程如下：

$$\text{TransferTrust}(V_s, V_i), \text{Rec}(V_i, V_k) \rightarrow \text{Trust}vi(V_s, V_k)$$

$$\text{TransferTrust}(V_s, V_j), \text{Rec}(V_j, V_k) \rightarrow \text{Trust}vj(V_s, V_k)$$

$$\text{TransferTrust}(V_s, V_s), \text{Rec}(V_s, V_k) \rightarrow \text{Trust}vs(V_s, V_k)$$

$$C\,[\text{Trust}\,(V_s, V_k), P\{R\}, \theta] \rightarrow \text{Auth}\,(V_s, V_k)$$

$$C\,[\text{Trust}(V_s, V_k), P\{R\}, \psi] \rightarrow \text{TransferTrust}\,(V_s, V_k)$$

$$\text{TransferTrust}\,(V_s, V_i), \text{Rec}(V_i, V_o) \rightarrow \text{Trust}vi\,(V_s, V_o)$$

$$\text{TransferTrust}\,(V_s, V_j), \text{Rec}(V_j, V_o) \rightarrow \text{Trust}vj\,(V_s, V_o)$$

$$\text{TransferTrust}\,(V_s, V_k), \text{Rec}(V_k, V_o) \rightarrow \text{Trust}vk\,(V_s, V_o)$$

$$C\,[\text{Trust}(V_s, V_o), \theta]\,/\,C\,[\text{Trust}(V_s, V_o), \psi]$$

以上推导过程显示了两个阶段的信任关系构建。

（1）V_s 通过自身以及可信任评估节点 V_i，V_j 对 V_k 的信任了解，形成了其对 V_k 的信任关系 Trust（V_s，V_k），如果经过判断 V_k 可信，则 V_k 也成为 V_s 的信任可信评估节点。

（2）V_s 通过 V_i，V_j 和 V_k 对 V_o 的信任了解，可以形成其对 V_o 的信任关系 Trust（V_s，V_o）。最后 V_s 可以计算 Trust（V_s，V_o）的信任值，并与信任门限 θ 进行比较，确定 Auth（V_s，V_o）是否成立，同时与评估信任门限 ψ 进行比较，确定

TrusferTrust (V_s, V_o) 是否成立。如果 Trust (V_s, V_o) 信任值均大于两类门限，则 V_s 的结果信任关系为

$$S_{V_s} = \text{View}V_s U\{ \text{Auth}(V_s, V_k), \text{TransferTrust}(V_s, V_k), \text{Auth}(V_s, V_o) \text{TransferTrust}(V_s, V_o)\}$$

（二）信任计算与信任门限

上节基于信任推导规则，对信任主体节点 V_s 与信任客体 V_o 间信任的构建过程做了描述，其中可以看出，分布式信任模型存在较为复杂的信任计算并需要将信任计算结果与设定的信任门限和推荐信任门限进行比较，以判断其对应信任关系是否能够成立。

在不同的分布式应用环境下，根据不同的信任值含义，有不同的信任值计算方法，同时信任门限含义各有不同。下面以 PGP 信任模型和移动 Ad-Hoc 环境下的信任模型为例，说明信任关系信任值的计算与信任门限的设定。

根据原始 PGP 信任模型中的定义，模型中节点间信任值的结果可能有不信任、部分信任、完全信任三种，一般分别将其信任数值定为 0，0.5，1，即 $P\{\text{Auth}(V_s, F_6)\} \in \{0, 0.5, 1\}$，同时由于评估信任数值可以对应设定为 0，0.5，1 即 $P\{\text{TransferTrust}(V_s, V_o)\} \in \{0, 0.5, 1\}$。

PGP 中一般 θ 设为 1，ψ 设为 0.5，根据 PGP 的信任值计算策略可以得到

$$P\{\text{Auth}(V_s, V_o)\}, P\{\text{TransferTrust}(V_s, V_o)\}$$

$$P\{\text{TransferTrust}(V_s, V_o)\} = \begin{cases} 0, & P\{\text{Trust}(V_s, V_o)\} < \psi \\ 0.5, & \psi \le P\{\text{Trust}(V_s, V_o)\} < 1 \\ 1, & P\{\text{Trust}(V_s, V_o)\} \ge 1 \end{cases}$$

$$P\{\text{Auth}(V_s, V_o)\} = \begin{cases} 0, & P\{\text{Trust}(V_s, V_o)\} < 0.5 \\ 0.5, & 0.5 \le P\{\text{Trust}(V_s, V_o)\} < \theta \\ 1, & P\{\text{Trust}(V_s, V_o)\} \ge \theta \end{cases}$$

而 PGP 中给出的信任评估结果可能有四类：完全可信、部分可信、不可信、不清楚，一般分别将其信任数值定为 1，0.5，−0.5，0，即 $P\{\text{Rec}(V_i, V_o)\} \in \{-0.5, 0, 0.5, 1\}$。

分布式环境下的一般信任计算公式如下：

$$DR3: \quad P\{\text{Trust}(V_s, V_o)\} = \Sigma P\{\text{Trust}V(V_i, V_o)\} \tag{3-9}$$

$$DR4: \quad P(\text{Trust}V_i(V_i, V_o)) = P\{\text{TransferTrust}(V_s, V_i)\}^* P\{\text{Rec}(V_i, V_o)\} \tag{3-10}$$

根据以上公式，可以计算出下面各关系信任值：

$$\text{View}rp = \{P\{\text{Auth}(V_s, V_i)\} = 1, P\{\text{Auth}(V_s, V_j)\} = 1,$$

$$P\{\text{Auth}(V_s,V_k)\} = 0.5, P\{\text{Rec}(V_i,V_m)\} = 0.5$$

$$P\{\text{Rec}(V_j,V_m)\} = 0.5, P\{\text{Rec}(V_i,V_n)\} = 0.5$$

$$P\{\text{Rec}(V_k,V_p)\} = 0.5, P\{\text{Rec}(V_m,V_o)\} = 0.5$$

$$P\{\text{Rec}(V_n,V_o)\} = 0.5$$

$$P\{\text{Trust}(V_s,V_m)\} = P\{\text{Trust}_n(V_s,V_m)\} + P\{\text{Trust}_{V_j}(V_s,V_m)\}$$

$$= P\{\text{TransferTrust}(V_s,V_i)\}^* P\{Rec(V_i,V_m)\}$$

$$+ P\{\text{TransferTrust}(V_s,V_j)\}^* P\{\text{Rec}(V_j,V_m)\}$$

$$= 0.5 + 0.5 = I \geqslant \theta \rightarrow \text{Auth}(V_s,V_m)$$

$$P\{\text{Trust}(V_s,V_m)\} \geqslant \psi \rightarrow P\{\text{TransferTrust}(V_s,V_m)\}$$

$$P\{\text{TransferTrust}(V_s,V_m)\} = 1$$

$$P\{\text{Trust}(V_s,V_n)\} = 0.5 - 0.5 + 0.5 = 0.5 \geqslant \psi$$

$$P\{\text{TransferTrust}(V_s,V_n)\} = 0.5$$

$$P\{\text{Trust}(V_s,V_p)\} = 0.25 < \psi$$

$$P\{\text{TransferTrust}(V_s,V_p)\} = 0$$

$$P\{\text{Trust}(V_s,V_o)\} = \Sigma P\{\text{Trust}_V(V_i,V_o)\} = P\{\text{Trust}_{V_m}(V_m,V_o)\}$$

$$+ P\{\text{Trust}_{V_n}(V_n,V_o)\} + \{\text{Trust}_{V_p}(V_p,V_o)\}$$

$$= P\{\text{TransferTrust}(V_s,V_m)\}^* P\{\text{Rec}(V_m,V_o)\}$$

$$+ P\{\text{TransferTrust}(V_s,V_n)\}^* P\{\text{Rec}(V_n,V_o)\}$$

$$+ P\{\text{TransferTrust}(V_s,V_p)\}^* P\{\text{Rec}(V_p,V_o)\}$$

$$= 0.5 + 0.25 + 0 = 0.75 \geqslant \psi \rightarrow \text{TransferTrust}(V_s,V_o)$$

根据上文中 PGP 的定义，$P\{\text{Trust}V_s,V_o)\} > \psi$，即信任主体 V_s 将接受 V_o 作为其信任介绍人，但因为 $\theta > P\{\text{Trust}(V_s,V_o)\} > 0.5$，即不能认为信客体 V_o 为完全信任节点，只能为部分信任节点。

$$S = \text{View}rp \cup \{\text{TransferTrust}(V_s,V_o)\} \tag{3-11}$$

图 3-10 为 Mobile Ad-Hoc 网络结构下的分布式信任计算环境，与 PGP 结构相比，该结构下节点间信任关系的建立较为简单，信任客体只需要争取到有限范围内的一定数量的分布式节点对其的正面评价，就可以签发得到系统，即可以取得信任主体的信任。这里假定图中分布式结构的信任门限 $\theta = \psi = 3$。

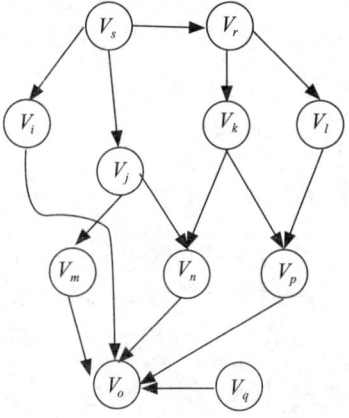

图 3-10　Mobile Ad-Hoc 网络结构下的分布式信任计算环境

可以看出，本书提出的分布式环境下的信任模型可以非常简洁、清晰地描述各类分布式应用环境下的信任关系构建。通过调整信任门限取值、各关系信任度取值、使用模型定义的推导规则和信任计算规则，就可以描述不同应用环境下的分布式信任建立过程。

上文选取的例子为较为成熟的分布式信任机制应用，下文将讨论一般分布式环境下信任模型中的信任值计算以及对信任门限的选择。

使用有向图 $G(V, E)$ 可以表示一般情况下的分布式信任模型。分布式环境下，信任主体与客体间建立信任关系不完全依赖信任主体的判断，且一般信任主体与信任客体间无法直接进行信任判断，此时只好通过若干评估节点的帮助来获取信任评估。也就是说，影响分布式环境下的信任主体与信任客体节点间信任值计算的因素有两类：①信任主体对信任评估节点评估其他实体能力的信任度；②信任评估节点对信任客体的信任度。

$$P\{\text{Trust}(V_s, V_o)\} = \Sigma V_s, V_o, V_i \in V, \quad i \neq 0, T(V_s, V_i)E(V_i, V_o)$$

$T(V_s, V_i)$ 也称为评价值权重，一般认为各节点在系统中的地位是相等的，但从信任主体角度看，评价节点对目标节点的评价能力各有不同。这种权重可能与两个方面有关：一是主体节点对评估节点评估能力的信任程度；二是评估节点与目标节点间的关联度。

$E(V_i, V_o)$ 为信任评估值，是系统其他节点（可能也包括 V_s）对信任目标 V_o 的信任评价值。由于系统信任评价可能是正面的，也可能是负面的，所以 $E(V_i, V_o)$ 的值相应可以为正值或者负值。

仍然以 PGP 分布式信任应用（图 3–10）为例，

$$TV_s i = \{1,1,1,0.5,0,1,0.5,0\}$$

$$EV_i o = \{0,0,0,0,0,0.5,0.5,1\}$$

$$P\{\text{Trust }(V_s,V_o)\} = 0.75$$

进一步分析分布式系统 $G（V，E）$，上文中将节点本身的可信度与节点评估能力的可信度进行了区分，如果认为节点自身的属性信任度和评估信任度也分别存在信任值，则可以认为系统存在两个 $N*N$ 的节点信任矩阵：$\boldsymbol{T}(G)$ 和 $\boldsymbol{TT}(G)$。

$$\boldsymbol{T}(G) = \begin{pmatrix} Tv1 \\ \vdots \\ Tvn \end{pmatrix} = \begin{pmatrix} t_{11} & \cdots & t_{1n} \\ \vdots & \ddots & \vdots \\ t_{n1} & \cdots & t_{nn} \end{pmatrix} \qquad （3-12）$$

$$\boldsymbol{TT}(G) = \begin{pmatrix} TTv1 \\ \vdots \\ TTvn \end{pmatrix} = \begin{pmatrix} tt_{11} & \cdots & tt_{1n} \\ \vdots & \ddots & \vdots \\ tt_{n1} & \cdots & tt_{mn} \end{pmatrix} \qquad （3-13）$$

$\boldsymbol{T}（G）$ 中 t_{ij} 的值即 $P\{\text{Trust }(V_i,V_j)\}$，$\boldsymbol{TT}（G）$ 中 tt_{jj} 的值即 $P\{\text{TransferTrust}\}$ (V_i,V_j)，$0 \leqslant t_{ij}, tt_{jj} \leqslant 1$，同时系统中各节点间的信任评估值可以组成节点评估值矩阵 $\boldsymbol{E}（G）$：

$$\boldsymbol{E}(G) = \begin{pmatrix} Ev1 \\ \vdots \\ Evn \end{pmatrix} = \begin{pmatrix} E_{11} & \cdots & E_{tn} \\ \vdots & \ddots & \vdots \\ E_{n1} & \cdots & E_m \end{pmatrix} \qquad （3-14）$$

$\boldsymbol{E}（G）$ 中 E_{ij} 的值即为 $P\{\text{Rec}(V_i,V_j)\}, 0 \leqslant E_{ij} \leqslant 1$；节点一般认为自身评估能力准确，则 $E_{ii}=1$。

根据 DR3，DR4 的定义，此时系统信任值矩阵计算公式可以认为是

$$\boldsymbol{T}(G) = \begin{pmatrix} T\text{V1} \\ \vdots \\ T\text{w} \end{pmatrix} = \begin{pmatrix} TT\text{V1} \\ \vdots \\ TT\text{w} \end{pmatrix} \qquad （3-15）$$

$$\boldsymbol{T}(G) = \boldsymbol{TT}(G)\boldsymbol{E}(G) \qquad （3-16）$$

分别讨论这三个信任矩阵的含义：

信任主体节点的信任评估矩阵 $\boldsymbol{T}（G）$ 反映的是系统节点间互相间可信度；

TT（G）反映的是节点间对信任评估能力的信任度，E（G）则反映的是节点间的信任评估值。

举例来说，T时刻节点V_i对应的信任值为t，则可以认为此时，其他节点V_k向V_i询问V_j的可信度时，V_i向V_k返回的V_j的信任值也可以认为正比于t，而一般认为，V_i对V_j本身越信任，V_i对V_j的信任推荐能力越信任，即V_i对V_j的推荐能力的信任值正比于V_i对V_j的信任值。此时，上式可以转换为

$$T(G) = \gamma T'(G)E(G) = \gamma TT'(G)E'(G)E(G)$$
$$= \gamma^2 T''(G)E'(G)E(G) = \gamma^n T''(G)E^{n-1}(G)E^{n-2}(G)\cdots E(G)$$

可以发现分布式信任模型中存在信任迁移的情况，为了方便观察这种信任迁移情况，需要对原矩阵进行归一化处理，并主要研究该信任转移矩阵A。

$$T(G) = \begin{pmatrix} Tv1 \\ \vdots \\ Tvn \end{pmatrix} = A \begin{pmatrix} Tv1^n \\ \vdots \\ Tvn^n \end{pmatrix} \qquad （3\text{-}17）$$

通过上式可以看出，分布式信任结构中，某节点对系统其他节点的信任关系T_{V_i}，可以看作系统其他节点间初始信任关系$\{T_{V1}, T_{V2}, T_{V3}\}$的线性叠加。这符合分布式信任关系的本质特点，即信任度来源于系统其他所有节点。

由此可以看出，随着时间的变化，T（G）可以使用A矩阵来描述（信任扩散的程度和速度）。本书将矩阵A作为T（G）的信任转移矩阵。

（三）分布式环境下的信任扩散

分布式环境下的信任扩散需要考虑以下几种情况：

（1）超级节点是否影响信任传播的效率。某节点具有评估系统大部分节点的能力，或者该节点被系统大部分节点所了解，那么这样的节点称为超级节点。此时，A矩阵的特征为存在极大概率$\forall i, 1 \leqslant j \leqslant n, A_{ij} = 1$。

$$A'=\gamma''\begin{pmatrix}1&0\cdots0\cdots0&0\\\vdots&0\cdots1\cdots0&\vdots\\1&1\cdots1\cdots0&1\\\vdots&0\cdots0\cdots1&\vdots\\0&0\cdots0\cdots0&1\end{pmatrix}\begin{pmatrix}1&0\cdots1\cdots0&0\\\vdots&1\cdots0\cdots0&\vdots\\1&1\cdots1\cdots1&1\\\vdots&1\cdots0\cdots1&\vdots\\0&0\cdots0\cdots0&1\end{pmatrix}\cdots=\beta\begin{pmatrix}1&0\cdots1\cdots0&0\\\vdots&1\cdots1\cdots0&\vdots\\1&1\cdots1\cdots1&1\\\vdots&1\cdots0\cdots1&\vdots\\0&0\cdots0\cdots0&1\end{pmatrix}$$

$$A=\beta\begin{pmatrix}1&0\cdots1\cdots0&0\\\vdots&1\cdots1\cdots0&\vdots\\1&1\cdots1\cdots1&1\\\vdots&1\cdots0\cdots1&\vdots\\0&0\cdots0\cdots0&1\end{pmatrix}\begin{pmatrix}1&0\cdots1\cdots0&0\\\vdots&1\cdots1\cdots0&\vdots\\1&1\cdots1\cdots1&1\\\vdots&1\cdots0\cdots1&\vdots\\0&0\cdots1\cdots0&1\end{pmatrix}\cdots=\chi\begin{pmatrix}1&1\cdots1\cdots0&0\\\vdots&1\cdots1\cdots0&\vdots\\1&1\cdots1\cdots1&1\\\vdots&1\cdots1\cdots1&\vdots\\0&0\cdots1\cdots0&1\end{pmatrix}$$

从该解析模型看出：由于所谓的超级节点的存在，此时信任扩散的速度大为加快，这与实际情况非常相似。

（2）由于物理上或者逻辑上的原因，整个分布式环境中存在各自相对独立的域；域内各节点间信任关系较为密切，而域间各节点的信任关系较少。此时，**A** 矩阵的特征为存在极大概率。

$$A(G)=\gamma''\begin{pmatrix}1&0\cdots1\cdots0\cdots0&0\\\vdots&1\cdots1\cdots0\cdots0&\vdots\\1&1\cdots0\cdots0\cdots0&0\\\vdots&0\cdots0\cdots0\cdots0&\vdots\\0&0\cdots0\cdots1\cdots1&1\\0&0\cdots0\cdots0\cdots1&1\\0&0\cdots0\cdots1\cdots1&1\end{pmatrix}\begin{pmatrix}1&0\cdots1\cdots0\cdots0&0\\\vdots&1\cdots1\cdots0\cdots0&\vdots\\1&1\cdots0\cdots0\cdots0&0\\\vdots&0\cdots0\cdots0\cdots0&\vdots\\0&0\cdots0\cdots1\cdots1&1\\0&0\cdots0\cdots0\cdots1&1\\0&0\cdots0\cdots1\cdots1&1\end{pmatrix}$$

$$A(G)=\gamma''\begin{pmatrix}A_1&\cdots&0\\\vdots&\ddots&\vdots\\0&\cdots&A_n\end{pmatrix}\begin{pmatrix}A_1&\cdots&0\\\vdots&\ddots&\vdots\\0&\cdots&A_n\end{pmatrix}$$

如果此时存在若干跨域的评估项，则会加大信任扩散的范围和速度。

（3）恶意节点是否能够影响分布式信任体系的建立。

$$A'=\gamma''\begin{pmatrix} 1 & 1 & \cdots & 0 & \cdots & 0 & 0 \\ \vdots & 0 & \cdots & 1 & \cdots & 0 & \vdots \\ 0 & 0 & \cdots & 0 & \cdots & 0 & 0 \\ \vdots & 0 & \cdots & 0 & \cdots & 1 & \vdots \\ 0 & 0 & \cdots & 0 & \cdots & 0 & 1 \end{pmatrix}\begin{pmatrix} 1 & 1 & \cdots & 0 & \cdots & 0 & 0 \\ \vdots & 1 & \cdots & 1 & \cdots & 0 & \vdots \\ 0 & 0 & \cdots & 0 & \cdots & 0 & 0 \\ \vdots & 0 & \cdots & 0 & \cdots & 1 & \vdots \\ 0 & 0 & \cdots & 0 & \cdots & 0 & 1 \end{pmatrix}\cdots=\beta\begin{pmatrix} 1 & 1 & \cdots & 1 & \cdots & 0 & 0 \\ \vdots & 0 & \cdots & 1 & \cdots & 0 & \vdots \\ 0 & 0 & \cdots & 0 & \cdots & 0 & 0 \\ \vdots & 0 & \cdots & 0 & \cdots & 1 & \vdots \\ 0 & 0 & \cdots & 0 & \cdots & 0 & 1 \end{pmatrix}$$

$$A=\beta\begin{pmatrix} 1 & 0 & \cdots & 1 & \cdots & 0 & 0 \\ \vdots & 1 & \cdots & 1 & \cdots & 0 & \vdots \\ 1 & 1 & \cdots & 1 & \cdots & 1 & 1 \\ \vdots & 1 & \cdots & 0 & \cdots & 1 & \vdots \\ 0 & 0 & \cdots & 0 & \cdots & 0 & 1 \end{pmatrix}\begin{pmatrix} 1 & 0 & \cdots & 1 & \cdots & 0 & 0 \\ \vdots & 1 & \cdots & 1 & \cdots & 0 & \vdots \\ 1 & 1 & \cdots & 1 & \cdots & 1 & 1 \\ \vdots & 1 & \cdots & 0 & \cdots & 1 & \vdots \\ 0 & 0 & \cdots & 1 & \cdots & 0 & 1 \end{pmatrix}\cdots=\chi\begin{pmatrix} 1 & 1 & \cdots & 1 & \cdots & 0 & 0 \\ \vdots & 1 & \cdots & 1 & \cdots & 0 & \vdots \\ 1 & 1 & \cdots & 1 & \cdots & 1 & 1 \\ \vdots & 1 & \cdots & 1 & \cdots & 1 & \vdots \\ 0 & 0 & \cdots & 1 & \cdots & 0 & 1 \end{pmatrix}$$

解析模型表明，少量恶意节点并不会影响分布式信任的传播。

第四章

基于贝叶斯网络的电子商务信任
管理模型创新研究

第一节　贝叶斯网络概述

一、贝叶斯网络

（一）贝叶斯网络的概念

贝叶斯网络又叫贝叶斯信念网，它表示一组变量的联合概率分布，通过一组条件概率来指定一组条件独立性假设，是描述随机变量之间依赖关系的图形模式。贝叶斯网络将图论和统计学方面的知识相结合，将先验知识与样本信息相结合、依赖关系与概率表示相结合，提供了一种表示变量之间因果关系的方法。贝叶斯网络以概率论和图论为基础，结点表示随机变量，结点间的有向边表示变量之间的因果关系，网络中依附在父、子节点对上的条件概率表示变量间影响的程度。贝叶斯网络具有形象直观的知识表示形式和接近人类思维特征的推理机制，它是表示和处理不确定知识的理想模型，能够有效地进行分类、聚类，还可以进行联合预测、证据传递、趋势分析及因果分析等。贝叶斯网络是利用统计学的方法来代表不同要素之间概率关系的关系网络，其理论基础是贝叶斯规则。贝叶斯网络分类器作为一种概率型分类器，继承了贝叶斯网络的优点，并具有良好的分类精度和语义表达能力，已受到越来越多研究者的关注。概率推理和最大后验概率解释是贝叶斯网络推理的两个基本任务。

（二）贝叶斯网络的提出

贝叶斯学派奠基性的工作是贝叶斯的论文《关于几率性问题求解的评论》。著名的数学家拉普拉斯发展了贝叶斯的方法和理论，用贝叶斯的方法导出了重要的"相继律"。意大利的菲纳特及英国的杰弗莱对贝叶斯学派的理论做出了重要贡献。瓦尔德提出了贝叶斯理论占重要地位的统计的决策理论。信息论的发展促进了贝叶斯学派的发展。1958 年，英国统计杂志 *Biometrika* 全文重新刊登了贝叶斯的论文。20 世纪 50 年代，经验贝叶斯方法和经典方法相结合的方法被提出，这一方法的优点明显，逐渐成为人们研究的方向。20 世纪 80 年代后，人工智能的发展为贝叶斯理论的发展和应用提供了更为广阔的空间，尤其是机器学习、数据挖掘等兴起，更为贝叶斯理论提供了用武之地。贝叶斯网络作为不确定性建模的一种有效模型，以其丰富的语义结构、独特的双向推理能力和坚实的概率统计基础，在人工智能、机器学习、专家系统、模式识别、数据挖掘和软件测试等领域受到了广泛的关注并成为研究热点。

（三）贝叶斯网络的发展

贝叶斯网络是贝叶斯方法与图形理论的有机结合。皮尔在 1986 年首次在专家系统中引进了贝叶斯网这种不确定知识模型，这或许是概率推理中最普及的模型。1989 年，有人使用贝叶斯网建造了专家系统肌肉神经联系网（MUNIN）。1990 年，又有人指出贝叶斯网目前已经成为公认的表示概率知识的系统。由于贝叶斯网的方法理论上的严格性和一致性，以及局部计算机制的有效性和知识表达的直观性和图形化，其已经被广大学者认可，并且成为人工智能领域的研究热点。1995 年，国际权威期刊 *Communications of the ACM* 发表了贝叶斯网研究专辑，*Artifical Inteligence* 和 *Machine Leaning* 等重要杂志上关于贝叶斯网的文章也占相当大的比重；在不少重要会议上，贝叶斯网的研究也得到了广泛重视。

二、贝叶斯网络的特性

（一）贝叶斯网络的特点

（1）贝叶斯理论是贝叶斯概率和经典的统计学理论相结合的结果，基于概率论的严格推理，具有坚实的数学基础。

（2）知识表示分为网络的结构关系、表达事件之间的因果联系的定性知识和主要来源于专家经验、专业文献和统计学习的定量知识（主要指节点的条件概率表）。

（3）贝叶斯网络是有向无循环图，能够清晰和直观地显示变量之间的因果关系。

（4）贝叶斯网络可以利用概率理论，处理各种不确定性信息，图形化表示随机变量间的联合概率。

（5）贝叶斯网络假定条件独立性，可大幅度减小问题的求解难度，从而使许多复杂问题得到可行的解决办法。在求变量的概率信息时，只需要考虑与该变量有关的有限变量。

（6）在知识获取时，只需关心与节点相邻的局部，知识获取与推理的复杂程度较小；在推理计算网络图时，只要已知节点的相关节点的状态，即可估计该节点的概率信息。

（7）贝叶斯网络可以处理带噪声或不完整的数据集。

（二）贝叶斯网络的优点

贝叶斯网络不仅具有坚实的理论基础，还在许多领域得到了广泛的应用，研究贝叶斯网络理论具有十分重要的理论意义和应用价值。

贝叶斯网络可以提供较直观的概率关联关系模型，以更方便地处理不完全数据。比如，对于标准的监督学习算法在处理相关的多个输入变量的分类或回归问题时，当变量中出现缺值，贝叶斯网络就能提供关联关系模型，避免它们的预测结果出现较大偏差。

贝叶斯网络能够对变量间的因果关系进行学习。因为因果关系已经包含在贝叶斯网络模型中，所以即使没有这方面的实验数据，也能在一定程度上避免干扰，便于做出精确的预测。

贝叶斯网络与贝叶斯统计相结合，用弧表示变量间的依赖关系，用概率分布表表示依赖关系的强弱，尤其是在样本数据稀疏或数据较难获得的时候，能够充分利用领域知识和样本数据的信息。

贝叶斯网络与遗传算法、神经网络模型等结合，可以有效地避免数据过分拟合和训练中的局部极值问题。

（三）贝叶斯网络的构建

构建一个指定领域的贝叶斯网络要经过以下三个步骤，理论上三个步骤顺序进行，实际上建立一个贝叶斯网络往往是这三个过程迭代反复的交互过程。

（1）对影响该领域的变量及它们的可能值进行标示。

（2）对变量间的依赖关系进行标示，并以图形化的方式表示出来。

（3）通过学习变量间的分布参数，获得局部概率分布表。

通常认为，模型结构越复杂，概率推理也越复杂，而这往往会影响贝叶斯网络效率。所以，要建立合理的贝叶斯网络，一方面需要构建一个足够大并且足够丰富的网络模型，另一方面要充分考虑构建、维护模型的费用和概率推理的复杂性。

（四）贝叶斯网络的应用

贝叶斯网络应用领域在不断拓宽，现已广泛应用于模式识别、数据挖掘、垃圾邮件处理和医学诊断方面，是人工智能、机器学习和数据采掘等领域的一个研究热点。目前，贝叶斯网络已在工业与医疗诊断、软件智能化、金融风险分析、宏观经济决策、生物信息分析、Internet 信息处理等方面得到了广泛应用。

三、贝叶斯法则

贝叶斯法则为衡量多个假设的置信度提供了定量方法，可以用来处理信息不完全或不精确的推理。贝叶斯法则提供了计算这样一种假设的方法，基于假设的先验概率，给定假设下观察到的不同数据的概率和观察到的数据本身，得到最佳假设。或者说，贝叶斯理论提供了一种推理的概率手段，假设待查数据遵循某种概率分布，根据这种概率分布和数据进行推理，从而做出最优决策。

为了精确定义贝叶斯法则，需要引入一些标记符号，常用符号如下：

（1）$P(h)$。$P(h)$ 代表初始概率，在没有训练数据之前，假设 h 拥有初始概率，称为 h 的先验概率。h 的先验概率反映 h 是一个正确假设的机会，如果没有这一先验知识，则可将每一候选假设赋予相同的先验概率。

（2）$P(D)$。$P(D)$ 用来代表将要观察的训练数据 D 的先验概率，或者在没有确定某一假设成立之前数据 D 的概率。

（3）$P(D \mid h)$。假设 h 成立的情况下，$P(D \mid h)$ 代表观察到数据 D 的概率。一般情况下，用 $P(x \mid y)$ 代表给定 y 时 x 的概率。

（4）$P(h \mid D)$。在机器学习中，人们感兴趣的是 $P(h \mid D)$，即给定训练数据 D 时，h 成立的概率，称为 h 的后验概率。后验概率反映了在看到训练数据 D 后 h 成立的置信度。需要注意的是，后验概率 $P(h \mid D)$ 反映了训练数据 D 的影响程度，而先验概率 $P(h)$ 独立于数据 D。

贝叶斯法则是贝叶斯学习方法的基础，可以根据先验概率 $P(h)$、$P(D)$ 和 $P(D \mid h)$ 计算后验概率 $P(h \mid D)$，计算方法如下（贝叶斯公式）：

$$P(h \mid D) = \frac{P(D \mid h)P(h)}{P(D)} \tag{4-1}$$

可以看出，$P(h \mid D)$ 随着 $P(h)$ 和 $P(D \mid h)$ 的增加而增加，随着 P

（D）的增加而减小。或者说，当 D 独立于 h 时，被观察到的可能性越大，D 对 h 的支持度就越小。

顺便指出，实际上贝叶斯公式有着更为普遍的意义，可以用于任意互斥问题的集合 H，只要这些命题的概率之和为 1。

在很多学习场景中，学习器根据候选假设集合 H，在寻找给定数据 D 时，得到可能性最大的假设 h。这个具有最大可能性的假设称为极大后验假设（MAP）。确定 MAP 假设的方法是利用贝叶斯公式计算每个候选假设的后验概率。采用数学公式表达，当下式成立时，称 h_{MAP} 为 MAP 假设：

$$\begin{aligned} h_{\mathrm{MAP}} &= \arg_{h \in H} \max P(h \mid D) \\ &= \arg_{h \in H} \max \frac{P(D \mid h)P(h)}{P(D)} \\ &= \arg_{h \in H} \max P(D \mid h)P(h) \end{aligned} \quad (4\text{-}2)$$

在上面的推导过程中，最后一步舍弃了 P（D），因为 P（D）是不依赖 h 的常量。

在某些情况下，可以假定 H 中每个假设具有相同的先验概率——H 中任意 h_i 和 h_j，$P(h_i) = P(h_j)$。在这种情况下，可以简化贝叶斯公式，只考虑 $P(D \mid h)$，即可寻找极大可能假设。通常 P（$D \mid h$）称为给定 h 时数据 D 的似然度，可使 P（$D \mid h$）最大的假设成为极大似然假设 h_{ML}：

$$h_{ML} = \mathrm{argmax} P(D \mid h) \quad (4\text{-}3)$$

为了使上述讨论与机器学习问题联系起来，将数据 D 称作某目标函数的训练样例，将 H 称为候选目标函数空间。

第二节　动态信任评估模型设计

一、现有信任评估模型

对交易双方信任度的评价中，参与交易的两个节点仅使用"好""中""差"来评价这次交易，最终的信用评价值是通过搜集关于目标节点的所有评价推导的。目前公认的购物网站，如淘宝、易趣等，每次交易给出的评价分别为 +1、0 或 –1，个体最终信用评价是最近六个月的交易评价的累积。

这种不考虑交易次数，仅通过简单积累正面或负面的评价总和的信用评价计算方案，很容易受到恶意评价的攻击。

在 P-Grid 系统的基础上，设计一个信任管理模型来表示不可信节点，但系统中仅记录着对节点不满意的交易记录。该模型仅使用负面信息来构建实体的信用评价，这就导致无法区分无作为的实体和积极提供良好服务的实体。

通过其他实体给出的投票（或称为信任推荐）来计算目标节点的信用评价，并反映节点的正面信息，即仅根据正面的反馈进行信用评价计算，且非常依赖邻居节点。这种仅用正面信息的评价方案存在缺陷——对于具有较低的信用评价值的实体，无法区分究竟是新入网的节点还是恶意节点，而且恶意实体可以通过增加在网络中的交易次数而积累善意行为，骗取较高的信用评价值。

用目标节点交易满意和不满意的次数之差作为其信任值。一个节点对其他所有节点的信任值组成本地信任向量，从而由网络中各节点得出的规格化信任向量构成信任矩阵，经过分布式计算后，收敛的特征向量即为各实体的全局信任值。一个不可避免的问题是，规格化隐含假设一个节点的信任总量为 1，将会损失许多信任信息。

在 PeerTrust 中，假设每个用户均可检索到系统中所有的交易记录，节点的信任评价值需要计算满意的交易次数和参与交易的所有次数，并综合反馈节点可信度加权的反馈。该模型在基本方案中引入交易和生活区上下文因子，用来调整信任评价计算的适应性。该方案相对完整地描述了节点间的可信性影响因素，但没有清晰地处理节点的不可信性。

可信或不可信是人际网络中的一种复杂现象，很难用简单或单方面的模型描述。塞尔丘克等使用二进制来表示可信和不可信，一次交易可信，可信值为 1，不可信值为 0。反之，交易不可信，可信值为 0，不可信值为 1。该方案仅从可信和不可信两个方面考察交易质量，无法区分多个可信级和不可信级。

此外，电子商务中的网络购物存在"从众效应"，人们总是不知不觉偏向于相信多数人的观点。由于新用户交易次数少，即使非常诚信，但由于信任积分不多，导致信任度不高，也会使其他客户不敢轻易与之交易。没有交易，新用户的信任积分又无法增加，信任度就不能得到提升。信任度较低，获得交易机会就较少，这对诚信的新用户来说很不公平。

在现实社会活动中，信任关系建立在人与人之间的了解程度之上，对一个人越了解，就越容易判定对他是否信任或不信任。当然，这种信任程度可能是自身直接交往的切身体会，也可能是其他可信实体的介绍推荐。在电子商务这个虚拟网络世界里，信任关系更加复杂。交易双方可能是陌生人，交易一方只能通过对方以前的交易记录，判断对他的信任程度。因此，电子商务交易必须建立在一个科学合理的信任管理系统之上，要求系统能够记载和评判用户以往的交易和信任记录，奖励诚信交易的用户，惩罚恶意用户，以促进电子商务的交易规范。

目前，电子商务信任管理系统都有自己的评估方法。在一些信任管理系统中，会员每成功交易一次，就可以对交易对象做一次信任评估。信任评价值为"好评"加 1 分，"中评"不加分，"差评"减 1 分。按照用户积累的信任积分，将信任度分为若干个级别。为减小恶意差评或不诚好评所造成的恶劣后果，有些购物平台规定，每个用户只能对其他用户的信任度造成 1 分影响。另外，有些购物网站引入交易金额权重，交易金额越大，权重就越大。同时，为防止恶意炒卖信任度行为、净化信任环境，会将卖家和买家的信任度彻底分离。

这些信任评估方法都存在一些不足。有些信任评估系统没有考虑金额越大的商品，交易成功所获得的信任评价值应当越高，而有些信任评估系统没有考虑评价人自身的信任度对评价的影响。显然，一个信任度高的用户的评价比信任度低的用户的评价更可信。另外，陌生对象之前没有交易，也就没有历史直接信任值，用户对有过交易的对象的间接信任值的依赖程度一定小于对从未有过交易的陌生对象的间接信任值的依赖程度。而且，随着交往的日益深入，用户对间接信任的依赖程度逐渐减小，间接信任值的权重会随着时间的推移逐渐减小，而对来源于自身的直接信任值更加信任，直接信任值的权重会逐渐增大。另外，系统对评价人的恶意评价没有惩罚机制，因此不能有效抑制发生恶意评价，同样无法防止用户通过虚假交易或伪造身份提高信任度。此外，一些评估系统的评估机制对新用户并不公平，不能区分信任值低的用户究竟是新用户还是信任度低的老用户，更不能区别对待信任网络中的积极作为用户和无所作为用户。因此，亟待使用新型信任评估模型，改善这些缺陷和不足。

二、交易信任动态控制管理模型

交易信任动态控制管理模型如图 4-1 所示。其中，把主观和客观信任管理结合在一起，通过上下两层的信任管理体系——下层的 Web 环境、交易平台和基于数字证书的身份信任，上层的交易信任来保障交易的安全。当提出一次交易申请时，通过 CA 验证交易各方的数字证书，以确保各自身份的真实性和唯一性。此数字证书与传统静态信任控制方案中发放的证书不同，它增加了信誉度，可以根据交易信任反馈机制动态修改它的值。安全交易判断引擎通过获取交易各方身份，并根据各自的信任评价值结合其信用信息，判断该次交易是否满足相关的安全策略，从而判断本次交易的安全程度。待交易结束，将结果反馈到信用系统，进行信用评估，调整安全策略。不同身份将影响个人信任度，反之，信用系统也可以认证个体身份。

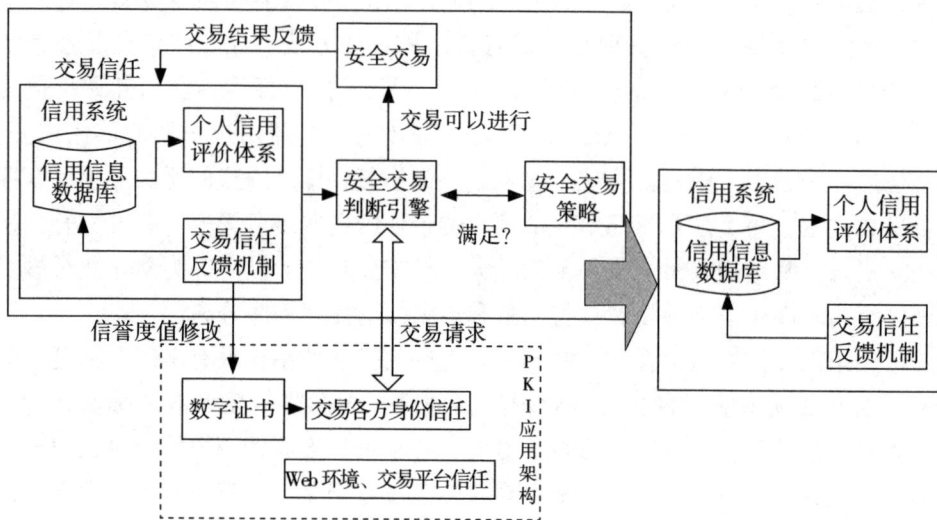

图 4-1 交易信任动态控制管理模型

交易信任动态管理模型对参与交易的各方具有非常重要的作用，不仅可以作为早期预警，告诫系统管理员交易实体是否在变坏，是否应当采取预防措施，防止交易失败，还可以用来帮助交易实体做出评价和选择，根据合作者的信任评价值来确定合作的成功概率，从而选择最优合作伙伴。

三、动态信任评估模型的设计目标

用户信任度评估是在交易完成之后，交易双方对对方在整个交易过程中遵守交易规则的表现进行评价的过程。用户信任度越低，说明用户投机的可能性越大，与其交易的风险就越高；用户信任度越高，说明用户越诚信，与其进行交易的风险就越低。

对交易用户进行信任度评估的目的就是通过反映用户交易时的诚信程度的信任度来区分不同诚信程度的用户，使用户更容易找到适合自己交易的对象，降低交易成本，简化交易过程。当然，用户一般都会选择与信任度高的对象进行交易，信任度高的用户能够获得比信任度低的用户多得多的交易机会。当然，前提是必须有一个客观、公正、合理的信任评价模型作为信任度评估的平台提供给交易双方。

评价交易用户的信任度必须客观、公平、合理，评价模型的优劣直接影响评价的权威性。在前人研究的基础上，本书提出了基于多因素的用户信任评估模型，以期达到如下目标。

（一）客观公正

评价体系不偏袒任何一方。

（二）指标合理

全面考虑影响用户信任度的各种因素，根据每项因素的实际影响程度设定权值，使评价体系趋向科学合理，并且加入一些主观因素系数，使信任评价值更加真实有效。

（三）动态估计信任评价

利用机器学习贝叶斯网络的特性，动态预测信任评价值，把交易对方的信任值作为其中一个重要的组成部分，并且与权值结合应用，不仅利用了贝叶斯的优点，具有科学性，还在一定程度上回避了贝叶斯网络收敛性慢的弱点，更具有实际应用的可能，可给用户提供更加准确、客观的指导。

（四）消除对新用户的不公正因素

由于新用户参与交易的次数较少，一般信任度较低，应严格区分信任度低的用户是新用户还是恶意的老用户。通过引入信任推荐机制，允许其他用户推荐新用户，以增加新用户的信任度。之后，随着交易次数的不断增加，推荐信任度的影响会逐渐降低。

（五）在一定程度上抑制恶意评估

为了防止有些用户只用其他用户信任评估信息，而不对他人提供信任度评价，或者恶意评价他人，本书所提出的信任评估模型引入了奖惩机制，对积极正常评价的用户给予信任度奖励，对不评价或恶意评价的用户给予信任度惩罚，且惩罚力度大于奖励力度。

四、动态信任评估模型的设计

在动态信任管理研究中，一个关键的问题是如何通过有效的方式聚合反馈信任信息。信任关系的合理量化是动态信任管理的核心问题。目前，信任模型的总体信任度如下：

$$T = W \times D + (1-W) \times I \qquad (4-4)$$

式中，D 为直接信任，I 为反馈信任，W 为直接信任的权重，（$1-W$）为反馈信任的权重。D 和 I 可通过数学方法计算得到。而 W 的分配一般采用专家意见法或平均权值法。由于这些方法都是主观的，并不具备科学性与合理性，完全可能导致可信决策的谬误，而且缺少灵活性，一旦确定 W，实际应用系统很难动态调整。

根据担任角色不同，把主体分为三种类型：①服务提供者（SP）；②服务请求者（SR）；③反馈者（FR）。

信任的来源和服务对象就和这三个主体息息相关。

（一）几个相关定义及相关参数说明

在具体论述动态信任评价值计算模型之前，这里先给出几个相关定义。

定义1：已知新用户 x，用户 u 根据对用户 x 的了解，对其信任状况给予保证，称为信任担保或信任推荐，推荐的信任评价值记为 RT。

定义2：已知用户 x，交易对象 u 根据交易事实，综合考虑各项信任影响因素，加权计算得出用户 x 的信任评价值，称为交易对象 u 对用户 x 的直接反馈信任评价值，记为 DT。DT 为用户第 n 次交易后，获取的直接反馈信任评价值。

定义3：假设 $C = (c_1, c_2, \cdots, c_n)$，为交易中用户信任度的影响因素，$c_i$ 为第 i 个影响因素，如交易中的商品质量、服务态度、物流速度等。给定用户 x 交易完成之后，交易对象 u 对用户 x 的信任度反馈评分 $f_{(x,u)} = \{f_{(x,u)}(c_1), f_{(x,u)}(c_2), \cdots f_{(x,u)}(c_n)\}$，其中 $f_{(x,u)}(c_i)$ 为第 i 个影响因素的信任评价值。

1. 数据来源

在交易完成后，交易双方就对方在交易中的行为分别从多个属性进行客观评价，以此作为信任评价值的数据来源，具体如表4-1所示。

表4-1　信用评价交易双方反馈信息

卖家信用评价		好	较好	一般	不好	差
	产品质量					
	服务态度					
	物流速度					
买家信用评价		好	较好	一般	不好	差
	评价的客观程度					
	付款的速度					
	交流的态度					

2. 信任组成

用户在完成第 n 次交易后的信任评价值主要由三部分组成：

（1）第 $n-1$ 次的信任评价值（T_{n-1}）。前一次（第 $n-1$ 次）交易产生的信任评价值对本次（第 n 次）交易的信任评价是有直接影响的，影响的大小由它的权重 ω_1 决定。

（2）第 n 次交易的直接获评信任评价值（DT_n）。这个值的确定受多种因素的影响，如交易金额、交易的时间、用户的信任评价等。

（3）其他用户推荐的信任评价值（RT）。这个值的确定是为了避免新的交易对象受到不公正待遇。新的交易对象和评价差的交易对象的直接信任评价值都很小，为了区分他们的行为，对于新的交易对象，推荐信任评价值是总信用评价值的决定性因素。

设这三个因素所占的权重分别为 ω_1，ω_2，ω_3，T_n 为用户完成第 n 次交易后的信任评价值，则

$$T_n = \omega_1 T_{n-1} + \omega_2 DT_n + \omega_3 RT \qquad （4-5）$$

$$\omega_1 + \omega_2 + \omega_3 = 1 \qquad （4-6）$$

ω_1 为诚信交易的期望值，n 为用户获取好评的交易次数，m 为用户总交易次数，ω_1 值可取 n/m。用户获取好评的交易次数占总交易次数的比重越大，其前期信任评价对未来信任评价的影响就越大；所占比重越小，其前期信任评价对未来信任评价的影响就越小。

ω_2 为用户直接信任评价的权重，DT_n 为用户的直接信任评价值。

ω_3 为推荐信任评价的权重，若记 a 为推荐信任因子，$a \in (0,1)$，则第 m 次交易的推荐信任评价权值 ω_3 也可以用 a^m 表示。

由上式可以看出，随着交易次数增多，m 值增大，即用户推荐的信任评价 RT 对用户实际信任评价的影响越来越小，用户主要以自身在交易中获取的信任度为主。

（二）推荐信任评价值的计算

RT 为用户推荐信任评价值，如果有多个用户为此用户做信任担保或推荐，则用户最终的推荐信任评价值可用如下公式求得：

$$RT = \frac{\sum_{j=1}^{m} \gamma_j RT_j}{\sum_{j=1}^{m} \gamma_j} \qquad （4-7）$$

式中，m 表示推荐信任的用户个数，γ_j 为第 j 个用户推荐的信任评价 RT_j 的权值，RT 为用户最终获得的加权推荐信任评价。

用户信任的贝叶斯网络模型是一个有相无环图，它由代表变量的节点和链接这些节点的有向边构成。变量节点包括待定的用户信任值及其分解后的各个属性信任等级、评价的客观程度、付款的速度、交流的态度等，节点间的有向边代表节点间的相互关系，由父节点指向其后代节点。

用户的信任值由交易对象的评分通过贝叶斯法则得出，交易对象根据以下三个属性给用户评分（图 4-2）。

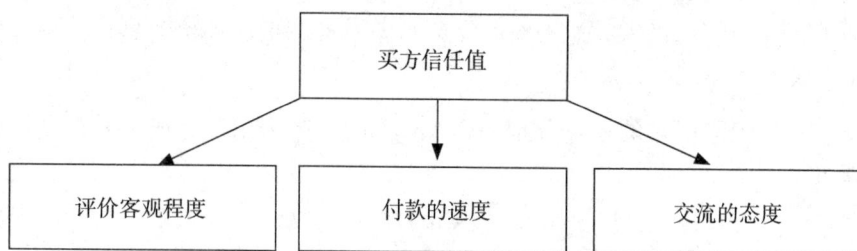

图 4-2　买方信任值参考相关属性

每次交易后交易双方互相评价之后，评价值都进行保存，记录了每次交易后交易双方不同属性的可信性。对于交易买方而言，评价的客观程度、付款的速度、交流的态度等都可以作为评价的标准，这里暂且用这样三个属性来划分五个信任等级：好、较好、一般、不好、差，并对这五个等级编号 i（i=1,2,3,4,5），用 N 来表示交易总次数，参加交易一次，总次数加 1。针对评价客观程度属性，条件概率如表 4-2 所示。

表 4-2　评价客观程度属性（OE）的条件概率表

OE	$T=1$	p	q	p'	q'
好（$OE=a$）	P				
较好（$OE=b$）	P				
一般（$OE=c$）	P				
不好（$OE=d$）	P				
差（$OE=e$）	P				

对于每个属性，p 和 q 分别是上次更新到现在交易的满意次数和总次数，p' 和 q' 分别是至上一次更新为止所有交易的满意次数和总次数。p 列和 q 列的和分别为 m 和 n，p' 列和 q' 列的和分别为 m' 和 n'。

以提供的几个属性为条件对交易进行评价，如果几个相关属性的加权和不小于事先设定的满意度临界值，则 $T=1$，否则 $T=0$。

每次交易结束后，交易双方对对方做出评价，当 $T=1$ 时，假设商品质量属性被认定为"较好"，则"较好"的 p 值加 1。同时，无论 $T=0$ 还是 $T=1$，q 值都要加 1。每次交易后新的评价值产生时即更新一次条件概率表，将 p 和 q 分别相应的加到 p' 和 q' 上，p 和 q 清零。

同样，物流的速度、服务的态度等属性也类似求得相应概率值。

使用贝叶斯网络计算用户的信任值并进行预测，必须先计算出各个属性的先验概率和条件概率，从条件概率表可以得到信任等级为 i 的评价次数 t_i，则用户信任等级为 i 的先验概率为

$$P(T_i) = t_i / N \qquad \sum_{i=1}^{5} P(T_i) = 1 \qquad\qquad (4\text{-}8)$$

计算各属性先验概率与用户信任方法类似。

条件概率的计算以 $P(T_{OE}|T_j)$ 为例，在用户信任等级为 j 的条件下，评价客观程度信任等级为 i 的概率为

$$P(T_{OEi}|T_j) = \frac{P(T_{OEi}, T_j)}{P(T_j)} = \frac{|T_{oEi} \cap T_j| / N}{|T_j| / N} = \frac{|T_{oEi} \cap T_j|}{|T_j|} \qquad (4\text{-}9)$$

具备了用户及各个属性的信任等级的先验概率及所有属性信任等级的条件概率，某个特定属性条件下用户信任等级的概率的预测就可以通过贝叶斯法则来求。还以评价客观程度属性为例，计算其信任等级为 j 的条件下，由贝叶斯法则得用户信任等级为 i 的概率为

$$P(T_i | T_{OEj}) = \frac{P(T_{OEj} | T_i)}{P(T_{OEj})} = \frac{\left(|T_{OEj} \cap T_i| / |T_i|\right)\left(|T_i| / N\right)}{|T_{OEj}| / N} = |T_{OEj} \cap T_i| / |T_{OEj}| \quad (4\text{-}10)$$

同理可求出其他属性相关的概率。

在多种属性条件下，评价客观程度属性（OE）等级为 j，付款速度属性（PR）等级为 k，交流态度（CA）属性等级为 1，用户信任等级为 i 的概率为

$$P\left(T_i \mid T_{OEj}, T_{PRk}, T_{CA}\right) = \frac{P\left(T_{OEj}, T_{PRk}, T_{CAl}\right) \mid P\left(T_i\right)}{P\left(T_{OEj}, T_{PRk}, T_{CM}\right)}$$

$$= \frac{\left(\left|T_{OEj} \cap T_{PRk} \cap T_{CA} \cap T_i\right| / \left|T_i\right|\right)\left(\left|T_i\right| / N\right)}{\left|T_{oEj} \cap T_{PRk} \cap T_{CA}\right| / N}$$

$$= \frac{\left|T_{OEj} \cap T_{PRk} \cap T_{CM} \cap T_i\right|}{\left|T_{OEj} \cap T_{PRk} \cap T_{CM}\right|}$$

（4-11）

最后得出的条件概率值就是用户信任评价值，暂且用 T_{uj} 表示 m 个中推荐用户中第 j 个用户的用户信任评价。

利用加权求平均的方法来计算用户的最终推荐信任评价，可以平衡用户的推荐信任评价，消除由于个别用户主观因素推荐信任评价过高或过低的不合理现象。信任评价值越高的用户，其推荐值所占比重越大，越能得到待交易的新用户的重视。

（三）直接信任评价值的计算

DT_n 是交易完成后，交易对象 u 对用户 x 的直接反馈信任的信任评价值。

用户的信任评价跟多个因素相关，如商品质量、服务态度、发货速度、物流服务等，当然还有评价人自身的信任评价值等。交易完成的时间也是评价用户信任度的一个因素，发货快且交易用时少的用户肯定比发货慢用时长的用户的可信性更高。另外，自身信任度高的用户给出的评价肯定比自身信任度低的用户给出的评价更具有说服力，也更可信，即评价者个人自身的信任度也是评价用户信任时需要考虑的重要因素。综合以上情况，得出信任评价值的 DT_n 计算公式如下：

$$DT_n = \frac{\sum_{i=1}^{10} \lambda_i f_{(s,d)}\left(c_i\right)}{\sum_{i=1}^{1C} \lambda_i} = \frac{\lambda_1 P(x,u) + \lambda_2 T + \lambda_3 T_n}{\lambda_1 + \lambda_2 + \lambda_3}$$

（4-12）

在上式中，第 i 个影响因素的权重用 λ_i 表示，$P(x,u)$ 是与交易金额有关的函数，交易金额越大，对最终直接信任值的影响也就越大。T 为默认交易完成期限，一般都由系统设定，可取 $\lambda_2 = p^{t-t_0}$，其中时间系数 p 介于 0 到 1 之间。t 为交易完成时间，t_0 一般是正式达成交易意向的时间，即交易开始时间。t 和 t_0 之间的时间间隔越短，表示交易完成得越快，p^{t-t_0} 值越大，时间影响权重越大。λ_3 为用户的情感系数，虽然用户本人的评价用户做主，但是肯定需要考虑其他人的评价，如果别人对交易对象评价好，即使用户评价低也会相对加分，以接近其他人的评价，反正亦然，这就是所谓的情感系数。前提是这个系数虽然主观，但也是建立在客观公正评价的基础上的。这样，最终用户信任度计算公式可以写为

$$T_n = \omega_1 T_{n-1} + \omega_2 DT_n + \omega_3 RT$$

$$= \frac{n}{m} T_{n-1} + \omega_2 \frac{\lambda_1 P(x,u) + \lambda_2 T + \lambda_3 T_n}{\lambda_1 + \lambda_2 + \lambda_3} + a^m \frac{\sum_{j=1}^{m} \gamma_j RT_j}{\sum_{j=1}^{m} \gamma_j} \qquad (4\text{--}13)$$

同理，用户可以根据以下三个属性给交易对象评分，如图4-3所示。

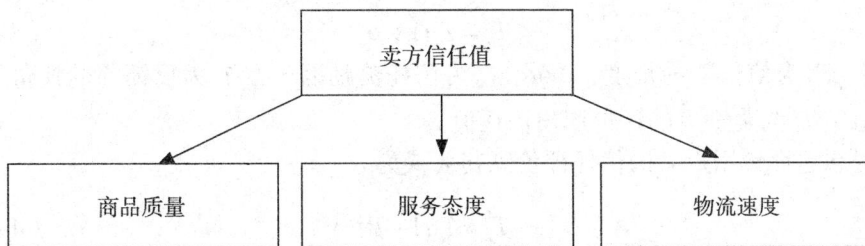

图 4-3 卖方信任值参考相关属性

同样取三个属性商品质量（GQ）、服务态度（SA）、物流速度（TS）作为评价的标准，划分五个信任等级：好、较好、一般、不好、差，并对这五个等级编号 j（$j=1$，2，3，4，5）。在商品质量属性（GQ）等级为 X，服务态度属性（SA）等级为 y，物流速度属性（TS）等级为 Z，交易对象卖家信任等级为 j 的概率为

$$P\left(T_j \mid T_{GQX}, T_{SAY}, T_{TSZ}\right) = \frac{P\left(T_{GQX}, T_{SAY}, T_{TSZ}\right) \mid P\left(T_j\right)}{P\left(T_{GQX}, T_{SAY}, T_{TSZ}\right)}$$

$$= \frac{\left(\left|T_{GQX} \cap T_{SAY} \cap T_{TSZ} \cap T_j\right| / \left|T_j\right|\right)\left(\left|T_j\right| / N\right)}{\left|T_{GQX} \cap T_{SAY} \cap T_{TSZ}\right| / N} \qquad (4\text{--}14)$$

$$= \frac{\left|T_{GQX} \cap T_{SAY} \cap T_{TSZ} \cap T_j\right|}{\left|T_{GQX} \cap T_{SAY} \cap T_{TSZ}\right|}$$

由上式得到的概率值即用户给交易对象评分推算的动态的概率估计信任值 T_u。

（四）直接信任评价反馈

每次交易都会影响交易双方的信任关系，信任关系随着交易的进行自动形成与更新的过程称为信任关系演化。如前所述，信任主要包括直接信任和间接信任。直接信任关系的变化可根据现实情况，由概率确定。对于推荐信任，很难采用相同方式，原因是推荐信任具有动态性和不确定性，很难确定推荐信任者的推荐行为的动机，所以引入一个反馈更新机制来评价推荐信任关系。每次交易完成后，信任评估者先更新自身的直接信任，再根据直接信任评价推荐信任，对于善意的积极信任评价的推荐者，提高其推荐信任度，也就是给予信任评价值奖励。反之，对于恶意评价的用户，降低其推荐信任度，给予信任评价值惩罚。这种对用户的评价的反馈机制为促进用户积极地给交易对方进行信任评价起到了促进效果，这里的诚信评价是指评价人根据交易的实际情况对交易对象进行真实评价。而且，对评价人的信任惩罚的力度要大于信任奖励，以使评价人更自觉主动地进行诚信评价。对诚信评价用户 u 的信任评价奖励公式为

$$T_u' = T_u(1 + \mu^{\Delta_T})\qquad(4\text{-}15)$$

式中，μ^{Δ_T} 为信任奖励幅度，$0<\mu<1$，为信任奖励因子，T_u 为反馈前的评价用户信任值，T_u' 为奖励后的评价用户信任值。

对恶意评价用户 u 的信任评价惩罚公式为

$$T_u' = T_u(1 - \beta^{\Delta_T})\qquad(4\text{-}16)$$

式中，β^{Δ_T} 为信任惩罚幅度，$0 < \beta < 1$，为信任惩罚因子，T_u 为反馈前的评价用户信任值，T_u' 为惩罚后的评价用户信任值。

上式中，$\Delta T = \dfrac{DT_n}{T_n}$，即用户 u 直接反馈信任值与其信任值反馈调整幅度成正向比例关系。而且，为保证惩罚力度大于奖励力度，需设定参数 $\beta>\mu$。

（五）推荐信任评价反馈

根据推荐用户给出的推荐信任评价值，需要相应调整其权值。如果推荐符合目标用户在交易中的表现，则增加该推荐用户的权值；若不符合，即存在欺骗的推荐，则减小其权值。这样，不诚实的推荐用户对综合推荐信任评价值的影响就会较小。被推荐者交易获得好评时，推荐者的推荐权重可以适当增加，其计算公式为

$$\gamma_i' = \begin{cases} \gamma_T & \gamma_i(1 + \delta^{\Delta_i}) \geqslant \gamma_T \\ \gamma_i(1 + \delta^{\Delta_i}) & \text{其他} \end{cases}\qquad(4\text{-}17)$$

式中，$\gamma_i{}'$ 为更新后的推荐信任权值，γ_i 为更新前的信任权值，$0 < \delta < 1$。另外，为解决少数推荐节点利用较大的权值操纵计算结果的问题，可为权值设置一个上限 γ_T。信任评价反馈幅度 $\delta^{\Delta i}$ 应该与推荐用户推荐的信任评价相关，即用户推荐的信任评价值越大，其信任反馈幅度也越大，因此有

$$\Delta_i = \frac{RT_i}{\sum_{j=1}^{m} RT_j} \tag{4-18}$$

而且，为保证惩罚力度大于奖励力度，应设定参数 $\delta < \theta$。

第三节　动态信任评估模型分析

一、RT 参数的数值模拟

RT 是推荐信任值，在实际应用中，推荐信任值低的交易对象势必会失去交易机会，被市场淘汰，所以为与实际情况更紧密结合，使模拟更具有实际的指导意义，应取 RT 较高的几个参数（$RT=0.5$，0.8，0.9）进行数值模拟与比较分析，以验证直接信任评价值与最终信任评价值的关系，体现推荐信任评价值消除对新用户不公正因素的作用，特别是在交易产生之后，直接信任值与推荐信任值相比较的重要地位。

在这个实验中，取 $\omega_1 = n/m = 0.6$，用户直接评价取值由贝叶斯法则得到一个概率值，分别以直接评价值 T 为横坐标，从 0 到 1，以步长 0.1 递增，最终总的信任评价值 T_n 为纵坐标，图 4-4、图 4-5、图 4-6 分别取 $RT=0.5$、$RT=0.8$、$RT=0.9$ 考察直接信任评价值从 0 到 1 时 T_n 的数值模拟结果。

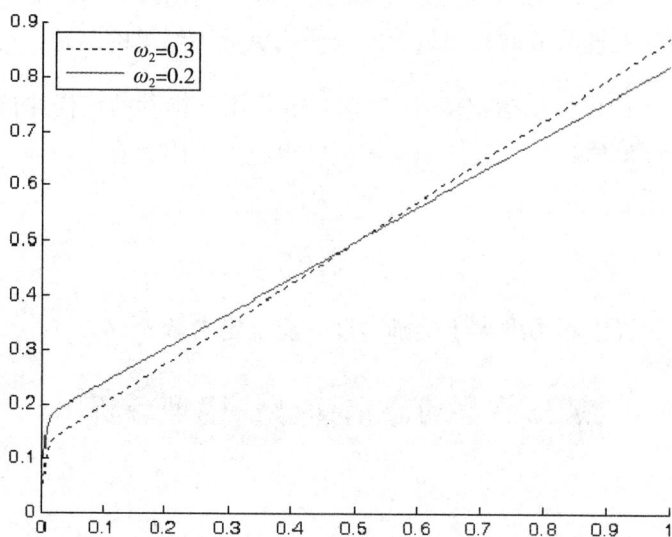

图 4-4 *RT* 取 0.5 时 *T_n* 的数值模拟

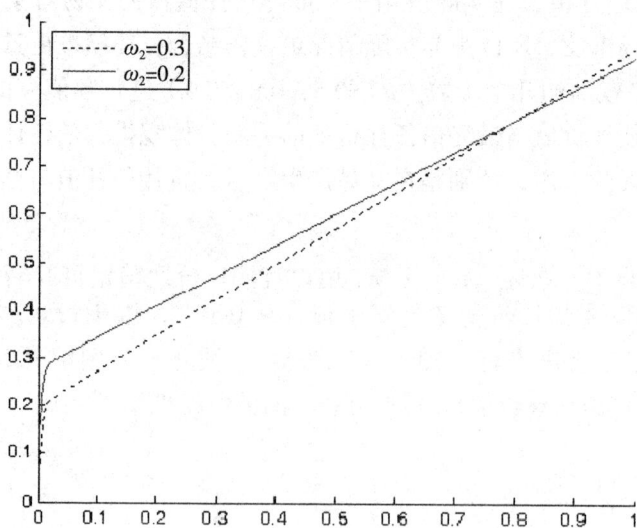

图 4-5 *RT* 取 0.8 时 *T_n* 的模拟

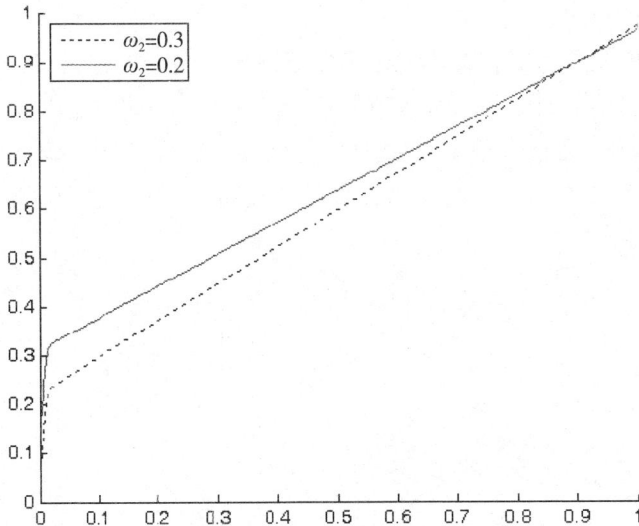

图 4-6 RT 取 0.9 时 T_n 的数值模拟

由图 4-4 ～图 4-6 的对比可知，所提模型达到了预期设计目标，并得出以下几点结论。

（1）模型满足信任值变化规则：直接信任值 T_u 增大，T_n 同时增大。这就初步满足了模型的合理性和有效性。

（2）T_u 趋近于 0 时，T_n 不等于 0。这就是说，当有新用户参与时，初始信任值主要是由推荐信任值决定，不至于使新用户的信任值太低甚至是零。这就消除了对新用户的不公正因素，也体现了模型的公正性和合理性。

（3）一旦有了新的交易，直接信任值突然增加，表现为图中图线的突变。用户对自己的判断的信任程度超过推荐信任，所以推荐信任的地位相对降低，使直接信任值起到主导的作用。这就是随着交易次数的不断增加，逐渐降低推荐信任度的影响，从而使用户的主观决定的直接信任度占主要的作用。

较低的推荐信任值对环境改变后的总信任值的影响较为迟缓，较高的推荐信任值能结合直接信任值，快速提高总信任值，这也体现了推荐信任值对总信任值的指导作用。

二、a 参数的数值模拟

a 参数是与推荐信任值相关的重要参数，$0<a<1$，推荐信任值在整个信任值中所占比例由 a 参数和交易次数 m 共同决定。交易次数 m 越多，a 越小，推荐

信任的地位越轻。同时，a^m 作为推荐信任的权重和历史信任的权重 n/m 共同决定了直接信任的权重。

重新设定模型的参数，在不同范围取不同值，图形大致相同，所以由模型特点得到 T_n 的初值为 RT，暂且设 n/m=0.6，DT=0.8，RT=0.5，由于 a 参数需要根据实际调研得到，目前还没有确定的取值范围，暂且分别取较小值、中间值和较大值，即 0.2，0.5，0.8。横坐标为交易次数 m，纵坐标为 T_n 的变化情况如图 4-7 ～图 4-9 所示。

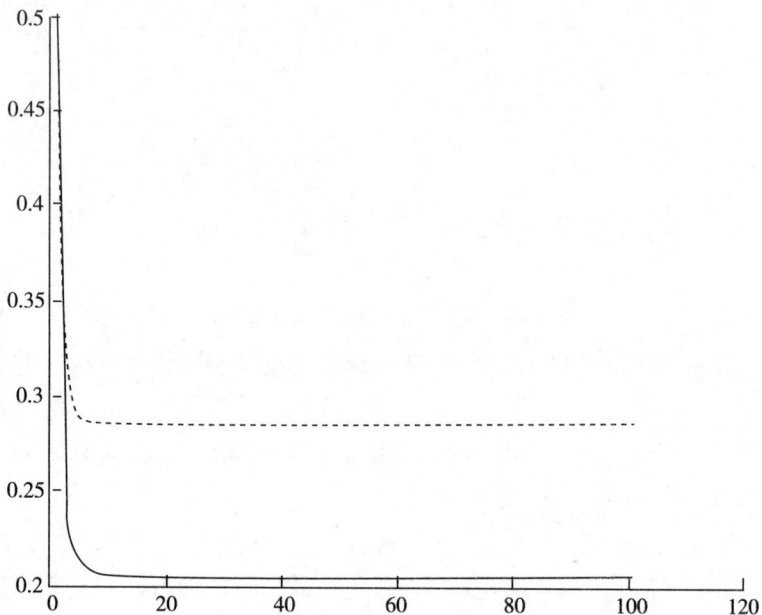

图 4-7　a 取 0.2 时 T_n 的数值模拟

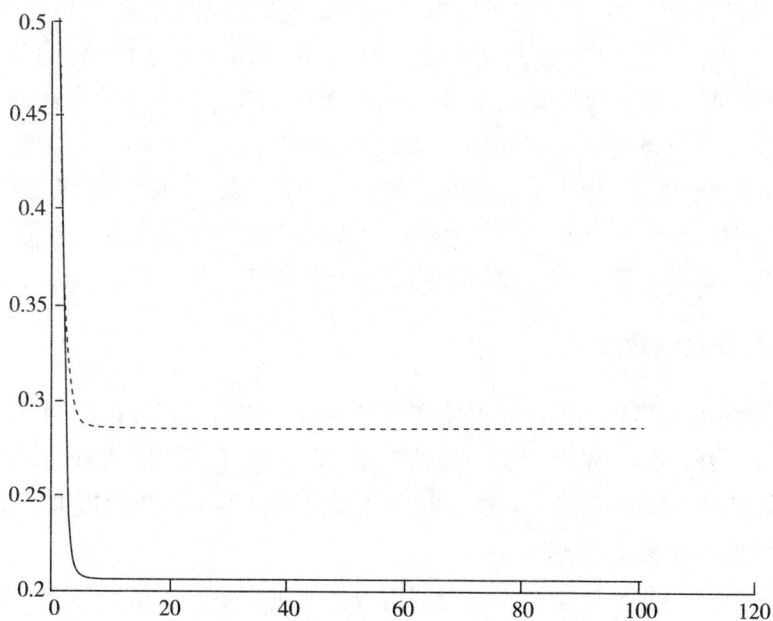

图 4-8　a 取 0.5 时 T_n 的数值模拟

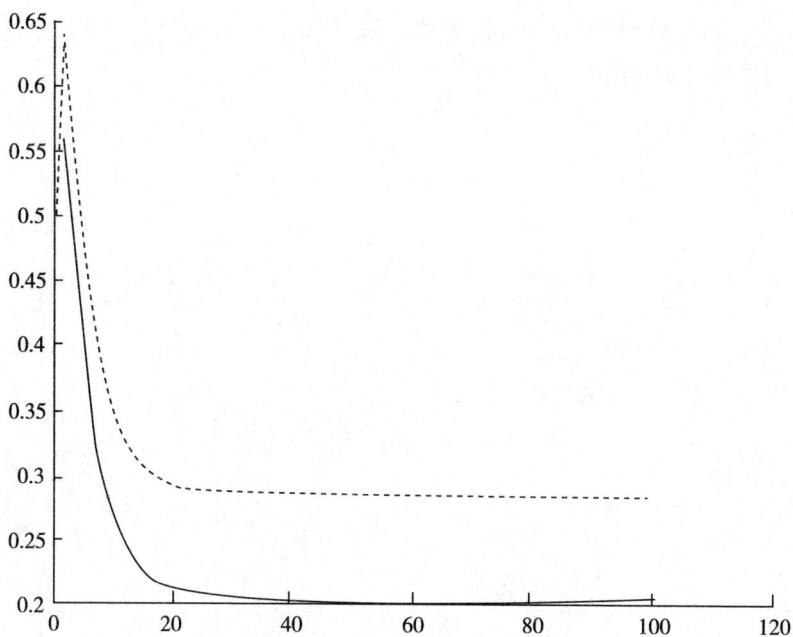

图 4-9　a 取 0.8 时 T_n 的数值模拟

由图 4-7 ～图 4-9 的对比可以看出，当交易次数增多，m 增大时，直接信任值 DT_n 不变，推荐信任值 RT 也不变时，T_n 的值减小，逐渐趋近直接信任值 DT_n。这就说明，随着交易次数增多，m 值增大，即用户推荐的信任评价 RT 对用户实际信任评价的影响越来越小，地位逐渐降低，用户主要以自身在交易中获取的直接信任度为主。模型满足最终以用户主观来决定信任评价值的预期。初始值为推荐信任 RT 而不为零，同时消除了对新用户的不公正因素。数值模拟结果进一步表明，此项参数达到了模型的预期设计目标。

三、T_n 参数的数值模拟

关于好评数 n 和最终信任评价值 T 两个参数的数值模拟可以分为以下两种情况：参数 n（好评数）固定不变，观察参数 T_n（最终信任值）的数值模拟结果；参数 n（好评数）随机变化，观察参数 T_n（最终信任值）的数值模拟结果。

（一）参数 n 固定不变

对照现实，当交易对象在一段时间内虽然有过交易，但信誉不佳，没有得到好评，也就是在好评数 n 维持之前保持不变、交易次数增加、总评 m 增加的情况下，设好评数 n 为定值 50，总评数 m 为横坐标，从 50 到 100 以步长 1 递增，由于直接信任值太低的交易对象势必会失去交易机会，取直接信任值 DT_n 的中间值和较大值，DT_n 分别为 0.5，0.8 两种情况，纵坐标为最终信任值 T_n 的参数变化如图 4-10 和图 4-11 所示。

a=0.8, n=50, m=100, DT=0.5, RT=0.5

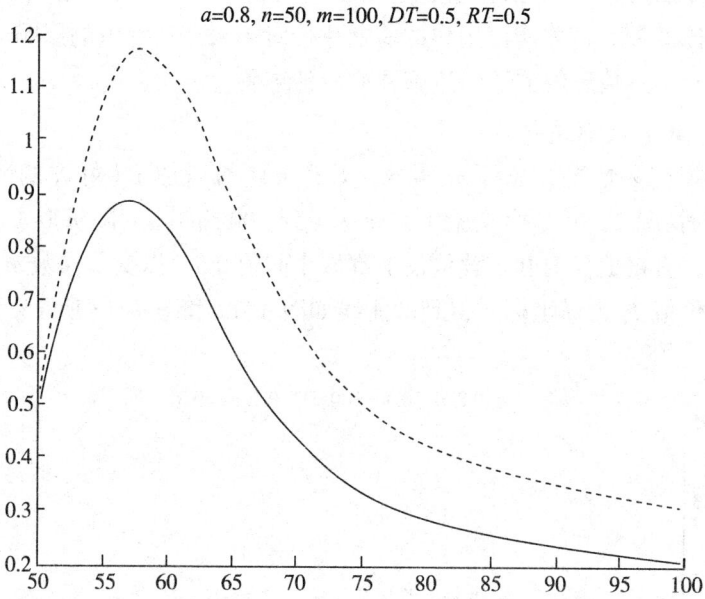

图 4-10　DT=0.5 时 T_n 的数值模拟

a=0.8, n=50, m=100, DT=0.8, RT=0.5

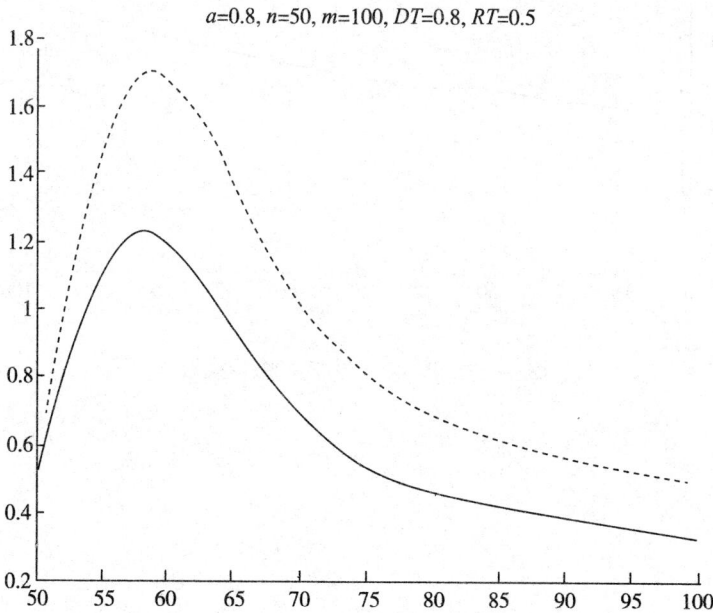

图 4-11　DT=0.8 时 T_n 的数值模拟

由图 4-10 和图 4-11 可知，在好评数 n 维持之前保持不变、交易次数增加、

总评 m 增加的情况下，总信任值有逐渐变小的趋势。只有用户获好评次数占总交易次数的比重较大，才能使用户的前期评价对未来信任评价的影响越大，符合人们的希望和实际情况的需要，达到预期设计结果。

（二）参数 n 随机变化

实际模拟交易情况，总评 m 递增，好评 n 随机增加 1（好评的情况）或者 0（非好评的情况），在这个实验中，m 从 1 到 100 递增，n 随机取 1 或者 0，为显示一般性，直接信任值和推荐信任值都取中间值 0.5，以交易次数 m 为横坐标，最终信任评价值 T_n 为纵坐标，得到的曲线如图 4–12 和图 4–13 所示。

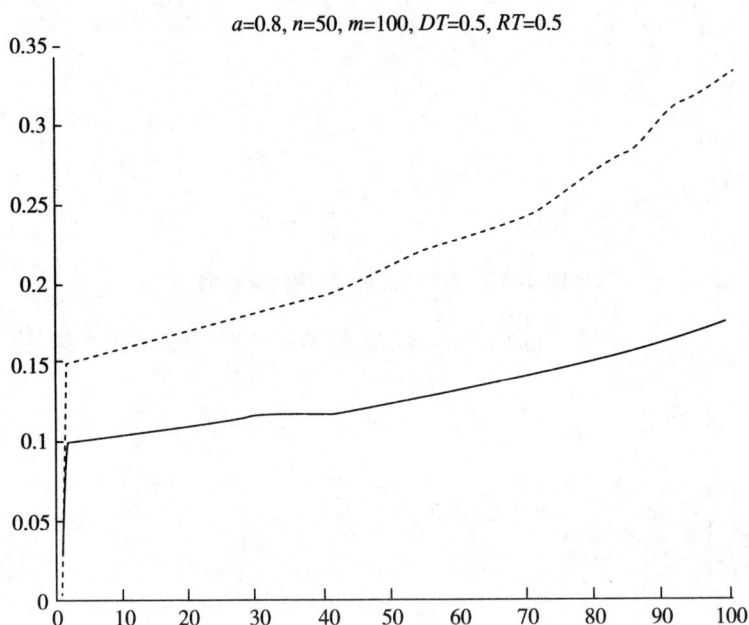

a=0.8, n=50, m=100, DT=0.5, RT=0.5

图 4–12 DT=0.5 时 T_n 的数值模拟

a=0.8, n=50, m=100, DT=0.8, RT=0.5

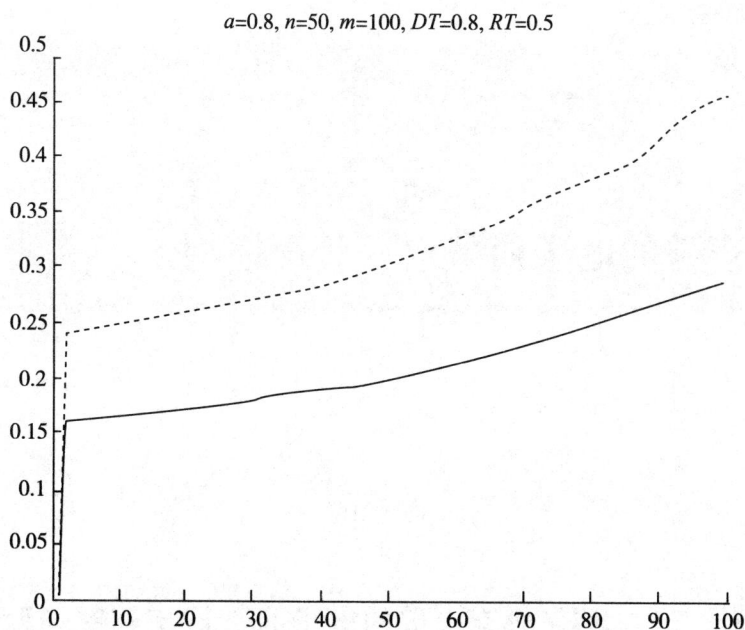

图 4-13　DT=0.8 时 T_n 的数值模拟

由图 4-12 和图 4-13 可知，在交易中有好评交易时，总信任度也会稳步上升。和前一个模拟实验进行对比，好评增加，总信任值增加；好评不变，总信任值减小。这和实际情况与人们的期望相符合，再一次证明了模型的合理性与有效性。

由以上实验可以得出以下结论：

（1）模型符合客观实际和人们的期望，多个参数的加入更加全面有效。

（2）模型体现公正合理的信任值计算方法，不偏袒任何一方，而且利用推荐信任值消除对新用户的不公正因素。

（3）模型利用贝叶斯网络减小偏差和加权求平均值计算方便简单的优势计算最终信任值，由图形为较平滑的曲线可以得到模型相对稳定，在一定程度上避免了恶意评估造成的折线不稳定的情况。

第五章

▼
▼
▼

基于声誉的电子商务信任管理模型

第一节　现有基于声誉的电子商务信任管理模型

目前，对基于声誉的电子商务信任管理模型的研究很多，虽然许多研究人员已经提出了自己的信任管理模型，都解决了一定的问题，为进一步研究电子商务的信任管理提供了很好的参考，但他们共同的不足就是在计算直接信任时没有考虑风险因素，也没有考虑交易次数对信任值的影响，而且认为信任值是无限可传递的。本章在已有模型的基础上给出了一个基于声誉的电子商务信任管理模型，该模型综合考虑了影响声誉的多种因素，并引入直接声誉和间接声誉的可信度，由此计算节点的综合声誉，剔除了人为因素对声誉计算的影响。实验结果表明，本模型有较好的计算准确性和抗攻击能力。

目前提出的电子商务信任管理模型也包括一些 P2P 网络的信任模型，大多是通过记录网络中节点间交易的历史信息，并据此计算出对节点的信任值或声誉。在与目标节点交易前，源节点需要先判断目标节点是否可信，即按照某种评价标准及相应模型计算出目标节点的信任值。这个计算过程分为以下三个步骤（以全局信任模型为例）：

（1）源节点搜集自身存储的与目标节点的历史交易信息，如果自己没有目标节点的历史交易信息，就需要获取其他节点和目标节点的历史信任信息。

（2）源节点综合目标节点的历史信任信息，按照一定的计算方法得出目标节点的信任值，决定是否与其交易。

（3）若源节点决定与目标节点进行交易，交易完成后需要根据本次交易的信息更新目标节点的信任信息。

源节点搜集目标节点历史信任信息的过程一般如下：

（1）源节点在自己的历史信任信息表中查找目标节点的历史信任信息，如果以前与目标节点进行过多次交易，则依靠自身存储的交易历史信息即可对目标节点做出信任评价。

（2）如果与目标节点没有交易，则对目标节点的信任评价必须依靠其他曾经与目标节点交易过的节点的推荐。

为了搜索其他节点对目标节点的推荐信任信息，目前的信任模型大都是采用洪泛算法进行信任值的搜索，如基于 Genutena 协议的 PRBP 通过广播查询消息的方式获取目标节点的历史信任信息，这种方法的缺点是明显的，每次广播都会对网络产生大量的广播信息负载，增加对网络的压力。

又如，EigenRep 采用不断向朋友询问的方式，并且没有限定朋友的级数。其核心思想是，当节点 i 需要了解任意节点 k 的全局可信度时，先从 k 的交易伙伴（曾经与 k 发生过交易的节点）获知节点 k 的可信度信息，然后根据这些交易伙伴自身的局部可信度（从 i 的眼光来看）综合出 k 的全局可信度。即

$$T_k = \sum (C_{ij} \times C_{jk}) \tag{5-1}$$

对于任意节点 i、j，C_{ij} 为节点 i 对节点 j 的局部信任度，其计算公式如下式所示。

$$C_{\psi} = \frac{Sat_y - UnSat_{ij}}{\sum_i (Sat_{ij} - UnSat_{ij})} \tag{5-2}$$

式中，Sat_{ij} 和 $UnSat_{ij}$ 分别为节点 i 对 j 在历史交易中积累的满意次数和不满意次数。EigenRep 模型通过迭代方法计算节点的全局可信度，通过 Hash 分布机制放置节点的全局可信度，提高了节点信任度的计算效率。上述历史信任信息搜集方法能够找出指定范围内的所有关于目标节点的历史信任信息，为信任计算提供全面、准确的数据。但没有解决以下几个问题：

（1）迭代的可收敛性问题。EigenRep 算法没有对迭代的收敛性做出确定性保证，即没有就矩阵 $C=|C_{ij}|$ 讨论迭代的收敛性。

（2）该算法没有考虑惩罚因素，即算法没有对造成交易失败的节点在信任度上做出惩罚。

（3）该算法的协议实现没有考虑网络的性能开销，每次交易都会导致在全网络范围内的迭代，因此该模型在大规模网络环境中缺乏工程上的可行性。

第二节　基于声誉的电子商务信任管理模型的创新分析

一、声誉系统的原理

基于声誉的电子商务信任评价模型如图 5-1 所示。其基本原理如下：用户在完成一笔交易后，交易双方可以就交易所涉及的各个方面（如价格、产品质量、交货、系统的可用性和方便性等）对交易对方进行评价，形成声誉反馈，将所有交易得到的声誉反馈按照一定的方式进行综合处理，最终形成被评价用户的综合声誉，用以反映该用户的信任状况，并供其他用户做交易决策时参考。

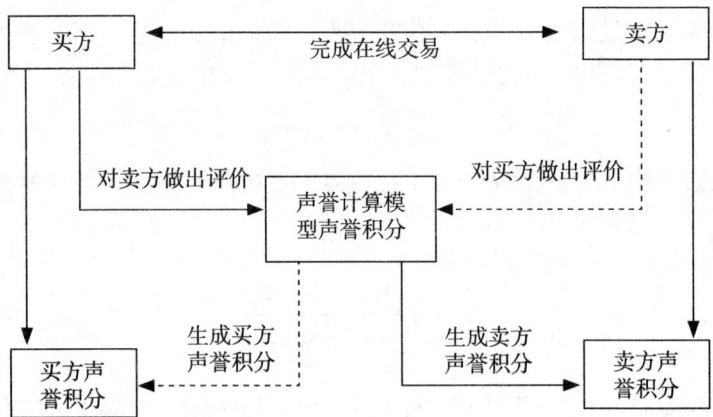

图 5-1　基于声誉的信任评价模型

二、节点之间的信任关系分类

在电子商务信任管理系统中，节点之间的信任关系可以分为直接信任和间接信任两类。节点之间的直接信任是指在给定的上下文中，两个节点根据各自的交易历史经验获得对对方节点的信任程度；节点之间的间接信任是指交易节点之间没有直接交易经验或者经验较少，通过其他节点的推荐而建立起来的信任。节点的综合信任值是由直接信任值和间接信任值综合而成的。

三、影响节点间信任的因素

影响节点间信任的因素有很多，归结起来主要有交易金额、交易时间、交易次数、交易评价和风险因素等。

（一）交易金额

本书以历史交易金额为标准来确定节点之间交易的重要程度，交易金额越大则对对方节点的信任程度越大，反之则越小。

（二）交易时间

在每次交易中，节点会记录下当前交易时间，距离当前时刻越近的交易越能比较真实地反映节点之间的近期交易行为。两次交易的时间距离越小，对对方节点的信任值的评价意义就越大；反之，两次交易时间相差越大，越不能真实地反映近期的交易行为，对对方节点的信任值的评价也就意义不大。

（三）交易次数

买卖双方的交易次数越多，双方越熟悉，就越容易在双方之间建立信任关系。

（四）交易评价

这是一个主观因素，反映一个节点对另一个节点交易行为的满意度。有了这个因素，可以促使节点的交易双方更好地为对方节点服务。在一次交易完成之后，对方根据自身的要求和喜好给出此次交易的满意程度评价。

（五）风险因素

当一个节点与另一个节点进行交易时，一方的态度是决定是否进行交易的关键因素。在交易之前，交易一方要比较自己将面临的风险和得到的利益。如果利益大于风险，他将进行交易。这个因素往往和进行交易的金额有关，当交易金额增大时，风险值也会随之增大。

四、声誉的计算

（一）直接声誉的计算

在计算局部声誉时，只考虑交易次数（包括成功与失败的次数）、交易评价，没有考虑交易金额、时间等因素，显然不够合理。基于声誉的信任模型是目前计

算局部声誉（本书中所说的直接声誉）时考虑因素最多的一个模型，它考虑了交易金额、交易时间、交易评价等因素。其计算公式为

$$L_{ij} = \sum_{l=1}^{k} \frac{s_{k,l} \cdot m_l}{\sum_{l=1}^{k} S_{k,l} \cdot m_l} \cdot u_l \tag{5-3}$$

式中：L_{ij} 为节点 j 相对于节点 i 的局部声誉，$s_{k,l}$ 为时间衰减因子，m_l 为交易金额；u_i 为交易后 i 对 j 的评价。可记

$$\sigma_l = \frac{s_{k,l} \cdot m_l}{\sum_{l=1}^{k} s_{k,l} \cdot m_l} \tag{5-4}$$

即

$$L_{ij} = \sum_{l=1}^{k} \sigma_l \cdot u_l \tag{5-5}$$

可以看出，σ_l 实际上反映了交易时间和交易金额对局部声誉的影响。

本书直接声誉的计算就是在此基础上进行了改进，除考虑交易双方的交易金额、交易时间、交易评价、交易次数外，还考虑了风险因素。

设 $Dt(i,j)$ 表示当前节点 i 对节点 j 的直接信任，即节点 j 相对于节点 i 的直接声誉，其计算公式如下：

$$Dt(i,j) = \alpha \cdot \frac{\sum_{k=1}^{N(i,j)} V(i,j,k) \times TA(i,j,k) \times TT(i,j,k,\Delta t)}{\sum_{k=1}^{N(i,j)} TA(i,j,k) \times TT(i,j,k,\Delta t)} \tag{5-4}$$

$$+ \beta \cdot \frac{\sum_{k=1}^{N(i,j)} (1 - R(i,j,k))}{N(i,j)} + \eta \cdot \frac{2}{\pi} \cdot \arctan \frac{N(i,j)^a}{b}$$

式（5-4）中：α，β，η 为权重系数，并且 $\alpha + \beta + \eta = 1$；$N(i,j)$ 为节点 i 与节点 j 总的交易次数；$V(i,j,k)$ 为节点 i 与节点 j 的第 k 次交易中节点 i 对节点 j 的此次交易满意度的评价值；$TA(i,j,k)$ 为节点 i 与节点 j 第 k 次交易中交易金额占节点 i 与节点 j 交易总金额的比重，每次交易金额越大，$TA(i,j,k)$ 所占的比重值越高。$TA(i,j,k)$ 的计算公式为

$$TA(i,j,k) = \frac{A(i,j,k)}{\sum_{k=0}^{N(i,j)} A(i,j,k)} \qquad (5-5)$$

式（5-4）中：$A(i,j,k)$ 为节点 i 与节点 j 的第 k 交易金额；$N(i,j)$ 为节点 i 与节点 j 交易的总次数；$TT(i,j,k,\Delta t)$ 为节点 i 与节点 j 的第 k 次交易的时间衰减函数，它表示此次交易在当前时间点上所占的比重，离当前交易时间越近，它的权重值越大，对信任值的影响也越大。然而，随着时间的推移，其对信任值的影响会越来越弱。在本书提出的模型中，设 Δt 为当前交易时间与发生交易时间的差值，则时间衰减函数 $TT(i,j,k,\Delta t)$ 的计算公式如下：

$$TT(i,j,k,\Delta t) = \frac{360}{\Delta t \times 15 + 360} \qquad (5-6)$$

式（5-4）中，$R(i,j,k)$ 为节点 i 与节点 j 在第 k 次交易中遇到的风险。在电子商务中，交易的双方节点在决定交易之前，总是考虑交易风险对信任值的影响，其风险值会随着交易金额的增加而增加，交易的一方对另一方的信任值会随风险值的减小而增大，所以可以用下式算出交易的风险值：

$$R(i,j,k) = 1 - \frac{1}{e^{mTA(i,j,k)}} \qquad (5-7)$$

其中，m 用于调节风险和交易价格之间的比例。m 取值越小，交易风险值随价格的变化越平缓。通常 m 的取值被限定在 $[0，0.05]$。

$\frac{2}{\pi} \cdot \arctan \frac{N(i,j)^a}{b}$ 表示节点之间交易的次数对信任值的影响。其中，a，b 是调节参数，a 越小，b 越大，信任值的变化越平缓。

在计算直接声誉的过程中，恶意节点对另一节点的信任评价有两种情况：一种是对节点评价值特别高，另一种是对节点的信任值特别低，从而导致直接信任值要么特别高，要么特别低。我们通常认为直接信任值在一定范围内的直接信任是可信的。假设在节点 i 对节点 j 的第 k 次交易的直接信任值为 $D(i,j,k)(k=1,2,\cdots,n)$，计算出所有节点 i 对节点 j 的直接信任的平均值 $\bar{X}$。如果节点 i 对节点 j 的第 k 次交易的直接信任值满足（ε 为任给定的参数）：

$$|D(i,j,k) - \bar{X}| > \varepsilon$$

则说明节点 i 对节点 j 的直接信任值的评价波动太大，需删除数据表中此次评价的交易记录。这种方法可以防止恶意节点抬高或降低交易方节点的直接信任值，从而保证信任值的可信性。

对恶意节点的处理方式还有其他一些方法，如合作过滤法、评价相似度法。下面做一简单介绍。

合作过滤法：这种方法用聚类分类算法将评价集分成两个聚类集 N_f 和 N_u，分别对应值大的一类和值小的一类，并认为 N_f 包含公正评价，N_u 包含不公正评价。通过 N_f 提供的评价来计算最终的声誉评价，如可采用简单平均法等。若大多数人都是诚实的，可以取该划分的两个集合中元素最多的一个作为公正评价集。该方法有两个缺点：一是会受不公正低评价的影响；二是在没有不公正评价时，聚类过滤会把那些评价高的个体放进 N_u 中，从而产生小的负面偏见。

评价相似度法：这种方法的设计思想是，在同一个小组内的个体之间的评价通常是较好的，而对小组之外的个体的评价通常较差，衡量评价的相似性就能区分这种情况，并消除影响。该方法引入了相似个体评价，相似性函数作为每个个体的评价值在计算被评个体商务声誉时的权重指标，从而克服合谋欺骗问题。这种方法的缺点是，当目标个体的评分者与请求个体不存在共同的交易或交易次数很少时，将出现很大的偏差。

（二）间接声誉的计算

在上面介绍的直接声誉的计算方法中，对于曾经有过直接交易经验的节点来说是一个可靠的信任来源，但仅依靠节点的直接交互经验来估价节点的信任价值是危险和不可靠的。在真实的电子商务交易环境下，一个新的节点可能进入交易系统与其他的节点进行交易，由于它们之前没有直接交互历史，节点只能请求其他节点的推荐信息，根据它们给出的推荐信任值计算出对目标节点的间接声誉。

间接声誉包括朋友节点推荐信任和陌生节点推荐信任两部分。朋友节点推荐信任是两个节点之间没有进行过直接交易，而是通过其他与交易双方节点都有过直接交易历史的节点建立的一种信任关系。陌生推荐信任是指两个节点之间没有进行过直接交易，而是通过其他节点（节点与交易双方的一方节点有过直接交易历史，与另一方节点没有直接交易历史）建立的一种信任关系。

例如，当节点 i 希望与节点 j 交易时，若节点 i 的主机上没有存储节点 j 的相关的信任信息，节点 i 向它信任的节点 c（以前与节点 i 有过交易经验）发出询问，如果节点 c 对节点 j 也不熟悉，则向节点 c 的好友发出询问，直到找到与节点 j 存在直接信任关系的节点。这样，在节点 i 和节点 j 之间就存在一条由推荐节点构成的信任路径，如图5-2所示。由于信任值的不确定性，信任路径逐渐增大。对于同一个信任关系，多个不同的推荐者可能会形成多条不同的推荐路径。当 i

和 j 之间存在多条推荐路径时，则要综合这些路径的信任度。为了尽量减少不确定性对信任合成结果的影响，一般信任路径不能过长。

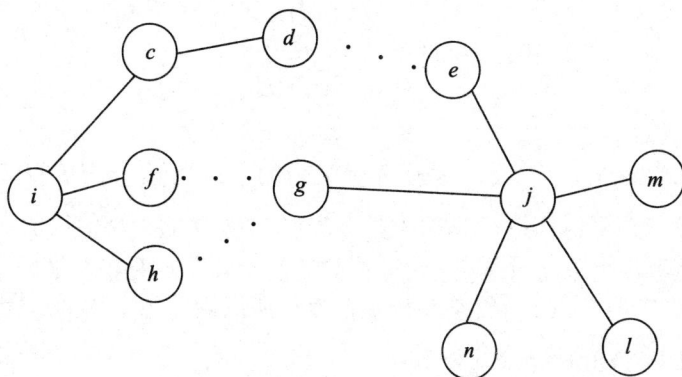

图 5-2　间接信任示意图

我们将信任链的长度限定为两跳的距离，如图 5-3 所示。模型中只考虑两种情况的推荐：一部分是与节点 i、节点 j 都有过直接交易历史的朋友节点推荐信任 $F(i, l, j)$；另一部分是与节点 i 没有交易历史但与节点 j 有直接交易历史的陌生节点推荐信任 $UF(j)$。

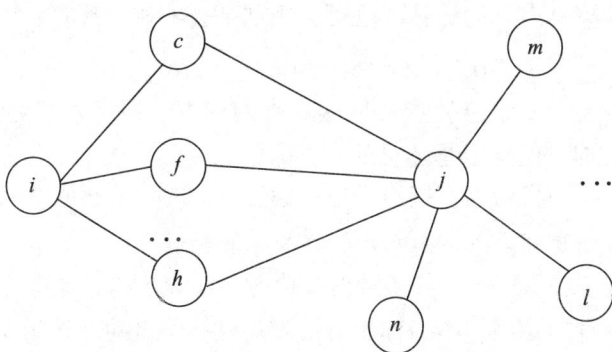

图 5-3　具有两跳距离的间接信任示意图

节点 i 对节点 j 的间接声誉 $It(i, j)$ 的计算公式如下：

$$It(i,j) = w_1 \times F(i,l,j) + w_2 \times UF(j) \tag{5-8}$$

式中，w_1 为朋友节点推荐的权重，w_2 为陌生节点推荐的权重，$w_1 + w_2 = 1$ 且 $w_1 > w_2$，即节点更倾向自己的朋友节点。

$F(i,l,j)$ 表示通过和节点 i、节点 j 都有过直接交易的节点 l 而获得的节点 i 对节点 j 的信任值，即节点 j 的声誉，其公式如下：

$$F(i,l,j) = \frac{\sum_{l=1}^{s} Dt(i,l) \times Dt(l,j)}{\sum_{l=1}^{S} Dt(i,l)}$$

式中，S 为与节点 i、节点 j 都有过直接交易的节点的数量；$Dt(i,l)$ 为节点 i 对朋友节点 l 的直接信任值；$Dt(l,j)$ 为节点 l 对节点 j 的直接信任值。

$UF(j)$ 表示陌生节点对节点 j 的推荐信任值。假设 G 是推荐的陌生节点集合，由于在 G 中设有与节点 i 直接交易历史信息，所以用简单平均的方法来求出其推荐信性值。$UF(j)$ 的计算公式如下：

$$UF(j) = \frac{\sum_{m=1}^{M} Dt(m,j)}{M} \tag{5-10}$$

式中，M 为 G 中节点的个数。

（三）综合声誉的计算

节点 j 的综合声誉（在节点 i 看来）由节点 j 的直接声誉和间接声誉两部分组成，最简单的综合声誉的计算方法可采用如下公式进行计算：

$$Tt(i,j) = \lambda \times Dt(i,j) + (1-\lambda) \times It(i,j) \tag{5-11}$$

式中，λ 和 $1-\lambda$ 分别为直接声誉和间接声誉的权重。通常人们更倾向直接声誉，所以 $\lambda > 0.5$，此时 λ 的给定是随机的、人为的。

在本节中，我们将引入直接声誉的可信度和间接声誉的可信度作为计算总体声誉的权重，从而剔除人为因素对声誉计算的影响。

当一个节点 j 对另一个节点 i 做出评价时，节点 j 本身也有一个是否可信的问题，即节点本身的信用，本书称为可信度。已有学者对此进行了研究。陈颖熙等人在 P2P 网络中把节点共享内容的相似度作为评价相似度，但这不适合电子商务系统。本节将采用 S 型特征函数、离散度等概念来计算声誉或信任值的可信度。直接声誉可信度和间接声誉可信度通过归一化形成计算综合信任的权重系数，进而计算出节点的综合信任值。

1.直接声誉的可信度

对于节点来说，$\{D(i,j) \mid N(i,j) > 0\}$ 之间的交易总金额不同，直接声誉之间的可信程度是不一样的。可以这样认为，在有效的时间窗内，与其交易金额最大节点的直接声誉是最可信的。据此可定义直接声誉的可信度如下：设 $\gamma(i,j)$ 表示节点 i 对节点 j 的直接声誉 $Dt(i,j)$ 的可信度，计算公式为

$$\gamma(i,j) = \frac{\sum_{k=0}^{N(i,j)} A(i,j,k)}{M} \qquad （5\text{-}12）$$

式中：$\sum_{k=0}^{N(i,j)} A(i,j,k)$ 为节点 i 与节点 j 的累计交易额，M 为所有与节点 j 有过交易历史的节点中累计交易金额的最大值。

2. 间接声誉的可信度

设 $\xi(j)$ 表示节点的间接声誉 $It(i,j)$ 的可信度，它可依据推荐节点的数量以及推荐信任值的离散程度计算得到，具体过程如下。

（1）推荐节点的数量

设 $P(j)$ 为所有与节点有过交易的节点的集合，$|P(j)|$ 为推荐节点 j 的数量。对于间接信任来说，与节点 j 有过交易的节点越多，对节点 j 进行推荐的节点数量就越多，节点 j 的可信程度也就越高。我们使用 S 型特征函教来度量推荐节点的数量对可信度的影响，计算公式为

$$\lambda(j) = \begin{cases} (\dfrac{|P(j)|}{e}) & 0 < P(j) \leqslant e, \ e \in N \text{且 } e < |B| \\ 1 & e < P(j) \leqslant |B| \end{cases} \qquad （5\text{-}13）$$

式中，e 为经验值，根据网络规模和网络中节点的交易对象的数量确定；$|B|$ 为网络中交易节点的数量。据有关资料表明，在目前的 C2C 电子商务市场中，一个交易方一般有五六个交易对方，因此 e 经常取 5。当推荐节点数量在 $(0, e]$ 时，度量值随推荐节点数量的增加单调递增。

（2）推荐信任值的离散程度

所有推荐信任值的离散程度越小，说明网络中其他节点对被评价节点的评价越一致，被评价节点的可信程度就越高；反之，被评价节点的可信程度就越小。用推荐信任值的标准差度量推荐信息的离散程度，则节点 j 的推荐信任值的分散程度可以度量为

$$\sigma(j) = \begin{cases} \sqrt{\dfrac{\sum\limits_{j \in f}\left\{Dt(i,j) - E[Dt(i,j)]^2\right\}}{|P(j)| - 1}} & |P(j)| > 1 \\ 0 & |P(j)| = 1 \end{cases} \quad (5-14)$$

式中，$E[Dt(i,j)]$ 为推荐信任值的均值，即

$$E[Dt(i,j)] = \frac{\sum\limits_{j \in P(j)} Dt(i,j)}{|P(j)|} \quad (5-15)$$

则节点 j 的间接声誉的可信度为

$$\xi(j) = \lambda(j)[1 - \sigma(j)] \quad (5-16)$$

对于新节点，由于没有推荐节点，运算时可以指定初始信度 $\xi_j^0 \in (0, \xi_i^1]$，或者指定为中性，即可信度为 0.5。

3. 综合声誉的计算

设 $Tt(i,j)$ 表示节点 i 对节点 j 的综合声誉，融合节点 j 的直接声誉（相对于节点 i）和节点 j 的间接声誉计算得到节点 i 对节点 j 的综合声誉（或综合信任值），其计算公式如下：

$$Tt(i,j) = \frac{\gamma(i,j)}{\gamma(i,j) + \xi(j)} \times Dt(i,j) + \frac{\xi(j)}{\lambda(i,j) + \xi(j)} \times It(i,j) \quad (5-17)$$

节点 j 的声誉（在节点 i 看来）由节点 j 的直接信任和间接信任两部分组成，式（5-17）中 $\dfrac{\gamma(i,j)}{\gamma(i,j) + \xi(j)}$ 和 $\dfrac{\xi(j)}{\gamma(i,j) + \xi(j)}$ 分别是直接声誉值和间接声誉值的归一化因子。

上述信任值的计算结构图如图 5-4 所示。

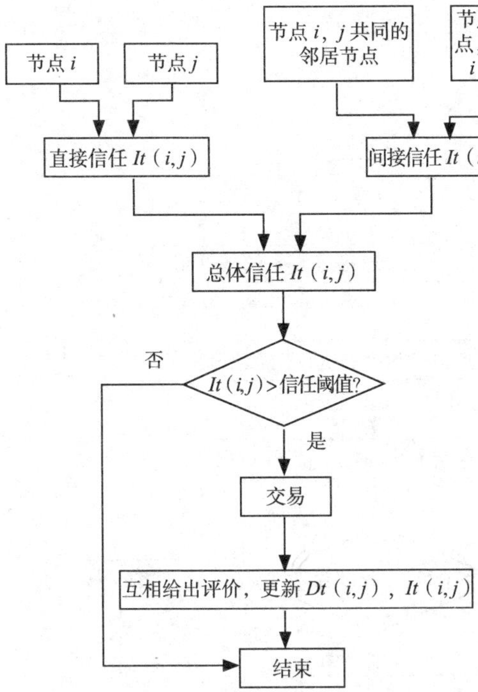

图 5-4　节点的信任值计算结构图

第三节　基于声誉的电子商务信任管理模型的原型实现

一、信任模型系统的框架设计

在电子商务系统中，节点在进行交易之前要查询一下要与之交易的节点的信任值，然后根据对方信任值的大小决定是否与之进行交易，若符合要求则与之交易，否则放弃本次交易。交易后，需要给出对本次交易的评价，同时信任机制会更新相关的交易记录和信任信息。因此，系统主要的模块应包括信任值的查询、交易、评价等模块。为方便起见，本系统将三个模块放在了一个界面中。

整个交易结构图如图 5-5 所示。当节点 i 得到节点 j 的交易申请或准备与节点 j 交互前，将先查找本地历史记录以得到与节点 j 直接交往的直接声誉值，同时向其他相关节点发出查询请求，收到请求的节点将保存在本地的相关历史记录返回给节点 i，节点 i 依据搜集到的节点 j 的相关信息计算节点 j 的间接声誉值，

最后计算出节点 j 的综合声誉值，根据此声誉值决定和节点 j 是否交互。节点 i 和节点 j 交易完成后，给出本次的交易评价，同时根据交易结果满意程度更新本地的历史记录。

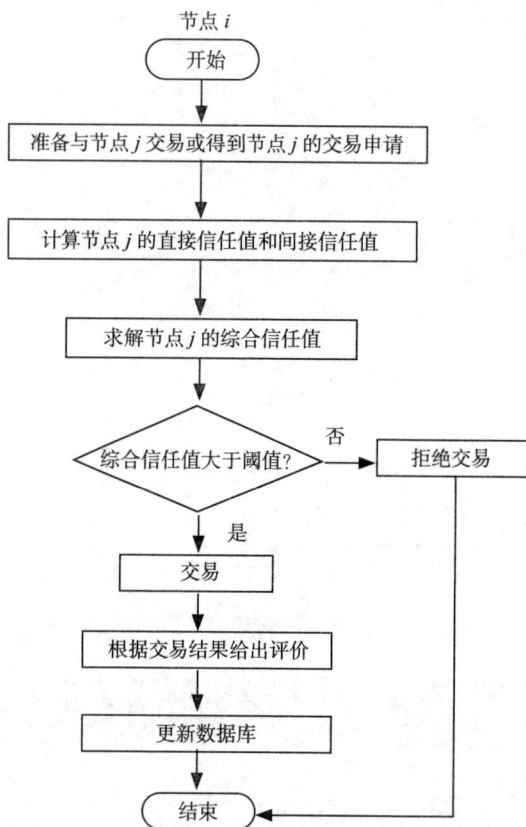

图 5-5　节点的交易流程图

二、原型系统的设计

由于 Java 语言具有跨平台、分布式、健壮性、安全性、方便性等特点，所以本系统采用纯 Java 语言进行开发。Java 的集成开发工具有很多，如 Eclipse、NetBeans 和 Borland Juilder 等。本模型系统采用最常用的集成开发工具 MyEclipse，数据库采用微软公司的 SQL Server 2005 进行设计，并采用 JDBC 技术实现数据库的连接、查询、处理等功能。

（一）数据库设计

本系统中采用 Microsoft 公司的 SQL Server 2005 数据库进行模型数据库的设

计，其中用 Trust 交易表来存放交易的节点地址、被交易的节点地址、评价值、交易金额、交易时间等字段，并使用 JDBC 数据库技术完成对数据库的操作。

与本系统相关的数据文件有两个，分别是 Trust 表（用于存放交易的记录信息）、TotalTrust 表（存放交易节点的信任值）。这两个数据文件的结构分别如表 5-1、表 5-2 所示。

表 5-1　Trust 表结构

列　名	数据类型	允许空	说　明
Id	int	No	ID 号
LocalAddress	Nchar(15)	No	交易方地址
ExchangeAddress	Nchar(15)	No	双方交易地址
Value_E	Decimal(3,2)	No	评价
Amount	Decimal(9,2)	No	交易金额
DirectDegree	Decimal(4,3)	No	直接信任
Time	DataTime	No	交易时间

表 5-2　TotalTrust 表结构

列　名	数据类型	允许空	说　明
Id	Int	No	ID 号
LocalAddress	Nchar(15)	No	交易方地址
ExchangeAddress	Nchar(15)	No	对方交易地址
TotalTrust	Decimal(4,3)	No	综合信任值

（二）数据库的接口库设计

JDBC 是 Java 数据库连接的英文缩写，顾名思义，在 Java 程序中，可以利用它来建立数据库连接，执行 SQL 语句，并对数据进行处理。JDBC API 是一组抽象编程接口，能将 JDBC 调用转化为在 SQL Server 2005 数据库中使用的网络协议，并执行 SQL 声明，得到返回结果。

其代码如下：

public class DataConnection {

```
// 函数执行查询并返回一个数据集的操作
    public static ResultSet doQuery(String sql){
Connection conn−null;
try{
Class.forName(drivername);// 加载驱动
conn=DriverManager. getConnection(dbURL, userName, userPwd);// 连接数据库
服务器
stmt=conn.createStatement();
        rs=stmt.executeQuery(sql);// 执行查询语句
}catch(ClassNotFoundException e){
Systerm.out.println(" 驱动 " + e.toString());
return null;
}catch(SQLException e){// 若产生 SQL Exception 意外，则捕获并显示错误
信息
System.out.println(" 连接 " + e.toString());
return null;
}finally {
// 关闭连接，释放数据库资源
try {
if(rs! = null) {
rs.close();
rs=null;
}
if(stmt != null){
stmt.closc();
stmt = null;
}
if(conn != null){
conn.close();
conn= null;
}
} catch (SQLException el){
el.printStackTrace();
```

```
}
// 将设置好显示形式的结果以回答消息的形式发回
Msg.sendReplay(message);
}
}
```

（三）评价交易接口

```
// 对交易双方进行交易、评价
public static boolean doinsert(String sql){
Connection conn=null;
try{
Class.forName(drivername);// 加载 JDBC 驱动
conn=DriverManager.getConnection(dbURL,userName,userPwd);// 连接数据库
服务器
stmt=conn.createStatement();
int insert=stmt.executeUpdate(sql);// 向远程数据库中插入交易金额和评价值
conn=close();
return true;
}catch(ClassNotFoundException e){
System.out.println(" 驱动 " + e.toString());
return false;
}catch(SQLException e){
System.out println(" 连接 " + e. toString());
return false;
}f inally{
try {
if(rs != null) {
rs.close();
rs = null;
}
if(stmt ! null) {
stmt.close();
```

```
stmt=null;
}
if (conn != null){
conn.close();
conn= null;
}
}catch (SQLException el){
el.printStackTrace();
}
}
}}
```

三、模型系统的运行

为方便起见，本系统将多个模块放在了一个界面中。下面是系统运行的相关画面和介绍。图中的本地主机地址、交易主机地址实际上代表的是交易节点的地址和被交易节点的地址。

（一）程序运行平台

程序运行后生成的界面如图5-6所示。

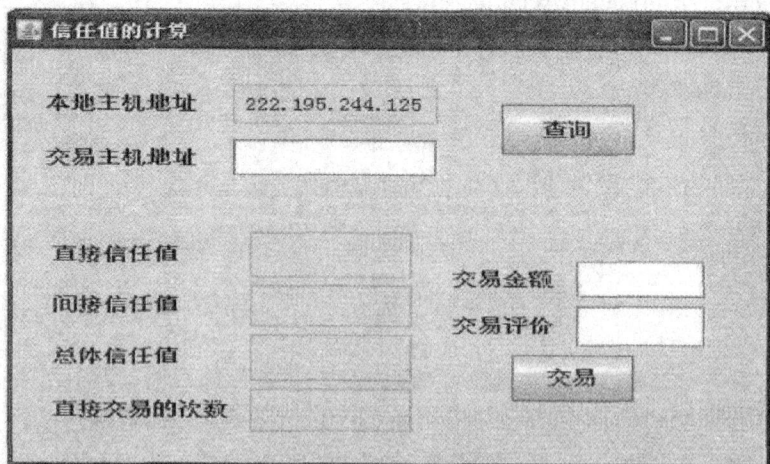

图5-6　程序运行平台

（二）查询

先在查询的主机地址栏中输入要查询的地址，点击按钮"查询"，便可查询到交易主机的信任信息，查询结束后显示在平台上，如图5-7所示。

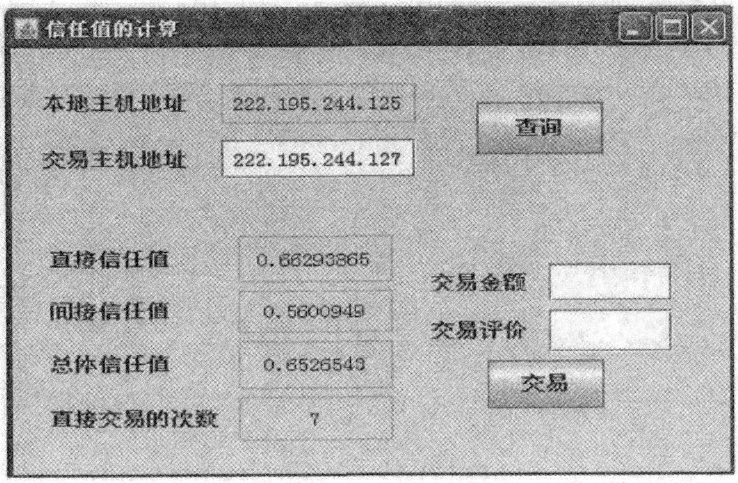

图5-7　查询界面

（三）交易与评价

如果查询到以前的总体信任值符合自己的期望值，就可以在交易金额和交易评价中输入打算交易的金额和交易后的评价值，最后点击"交易"按钮，如图5-8所示。

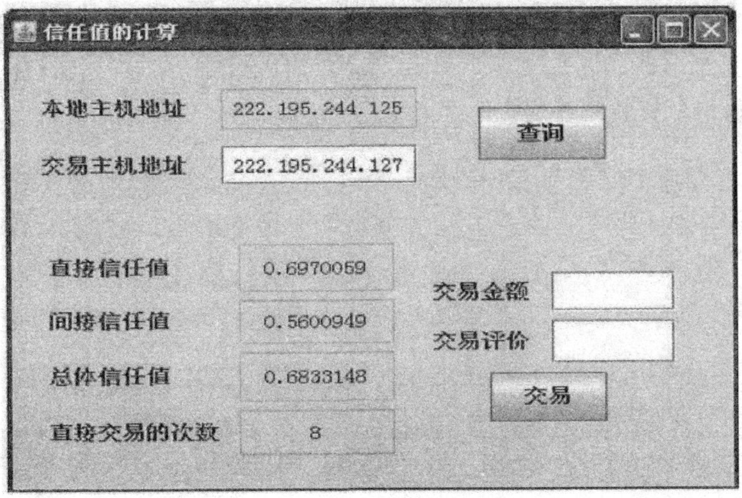

图5-8　交易界面

四、结果分析

（一）实验环境

利用局域网中的 11 台机器模拟信任模型，其中 10 台机器作为客户机，用来模拟交易节点，另外 1 台机器作为数据库服务器。在数据库服务器上建有数据表，里面分别存放交易的节点地址、被交易的节点、评价值、交易金额、交易时间、交易节点对被交易节点的直接信任值等字段。在实验中，我们设定所有节点的初始信任值为 0.5。

（二）实验结果与分析

1. 综合信任值的比较

图 5-9 显 示 了 在 直 接 信 任 计 算 分 别 为

$$Dt(i,j) = \alpha \cdot \frac{\sum_{k=1}^{N(i,j)} V(i,j,k) \times TA(i,j,k) \times TT(i,j,k,\Delta t)}{\sum_{k=1}^{N(i,j)} TA(i,j,k) \times TT(i,j,k,\Delta t)} + \beta \cdot \frac{\sum_{k=1}^{N(i,j)} (1 - R(i,j,k))}{N(i,j)} + \eta \cdot \frac{2}{\pi} \cdot \arctan \frac{N(i,j)^a}{b} \quad \text{和}$$

$$Dt(i,j) = \frac{\sum_{k=1}^{N(i,j)} V(i,j,k) \times TA(i,j,k) \times TT(i,j,k,\Delta t)}{\sum_{k=1}^{N(i,j)} TA(i,j,k) \times TT(i,j,k,\Delta t)} \quad \text{时的综合信任值的比较。通过该图可}$$

以看出，在计算直接信任值时，显式的考虑交易次数和交易风险因素时对应的总体信任值比未显式的考虑交易次数和交易风险因素时对应的总体信任值有所提高，使总体信任值的计算准确性有了一定的提高。

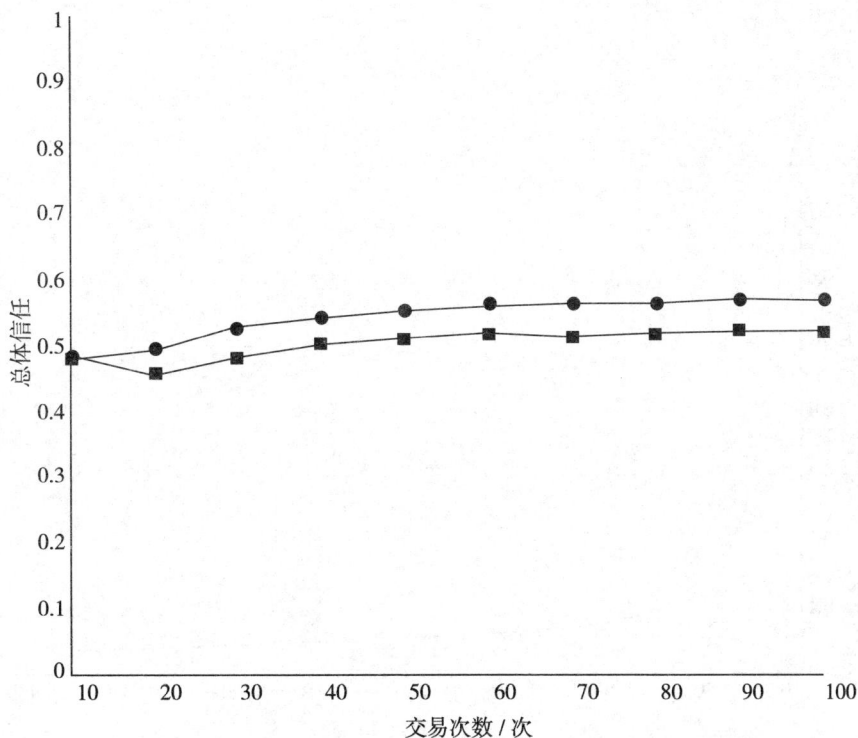

图 5-9　总体信任值的比较

2. 信任值与交易时间的关系

在模型中，交易时间对交易节点的信任也有一定的影响。随着时间的变化，交易节点的信任也在时刻变化，也就是说，离当前越近的交易行为对节点的信任的参考价值也就越大。如图 5-10 所示，在其他因素不变的情况下，离当前时间越近，信任值就越大，从而反映了交易的时间远近对节点信任值的影响程度，更符合现实的逻辑，提高了信任的准确性。

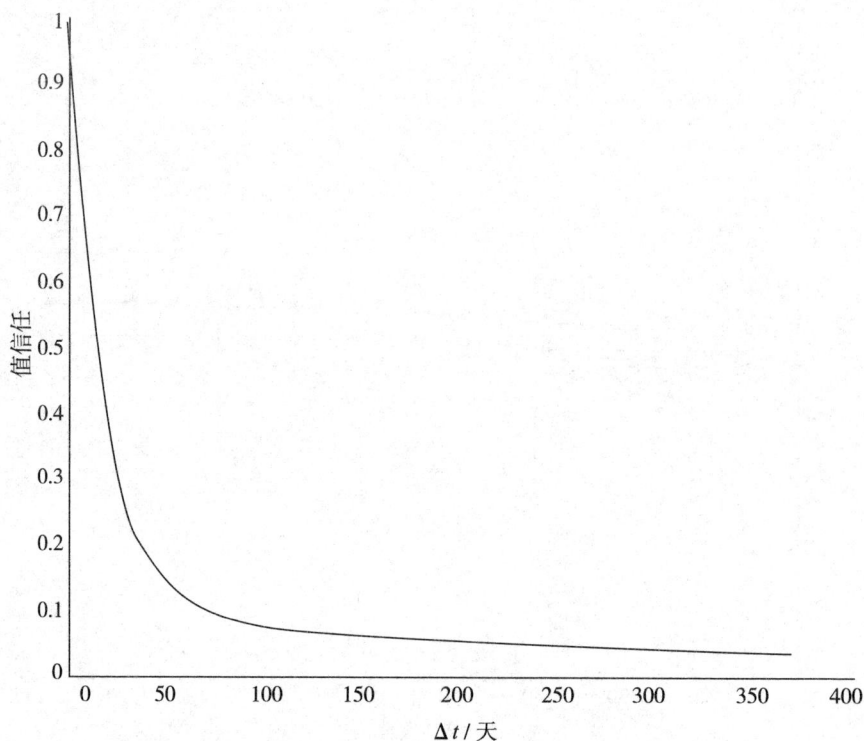

图 5-10　信任值与交易时间的关系

3. 信任值与交易次数的关系

在模型中，成功交易的次数对交易节点的信任值也有一定的影响。随着成功交易次数的不断增加，交易节点的信任值也在不断变化，如图 5-11 所示。从图 5-11 中可以看出，随着成功交易次数的增加，其对节点的信任值的贡献也在不断增大，这是比较容易理解的。两个节点之间有较大的交易次数说明它们之间建立起了较好的信任关系，对对方的信任度较高，也就愿意与其进行交易。

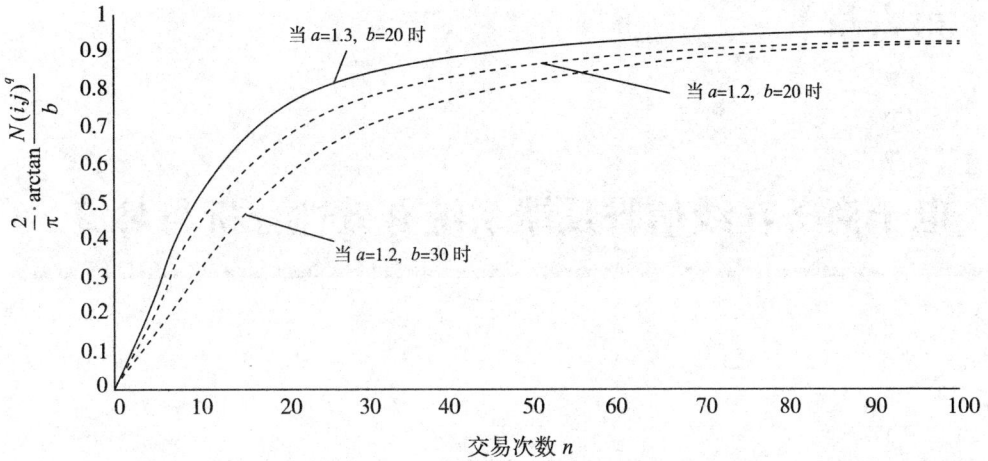

图 5-11　信任值与成功交易次数的关系

4.模型的有效性

随着恶意节点的比例增多，交易的成功率有所下降。有信任机制与无信任机制相比，无论恶意节点所占比例是高还是低，交易成功率都有一定的提高。

在试验中，信任值高的节点在系统中具有良好的行为，因此信任值高的节点交易成功率比较高。而系统中的恶意节点经常进行恶意的评价，从而严重影响系统的性能，因此恶意节点的信任值和交易的成功率都很低。

第六章

▼
▼
▼

电子商务在线信誉反馈系统有效性分析与对策

第一节 电子商务信誉反馈系统框架

一、C2C 电子商务中逆向选择的产生与表现

随着电子信息技术的发展，互联网在家庭用户中逐渐得到了普及，C2C 电子商务市场得到了快速发展，并在商品交易中占据较重要的地位。与传统市场相比，电子商务市场的优势在于其较低的进入障碍、较低的管理成本和市场信息获取的简单性。对于 C2C 电子商务市场而言，买卖双方通过网站平台进行交易，从而使卖家节省了网站建设及维护费用，也使买家可以在同一平台对不同卖家的商品进行比较，节省了搜寻费用，所以其进入障碍和管理成本比 B2C 模式下更低。电子商务市场是可以全面搜索的，买家能以低代价或无代价获得信息。因此，与传统市场相比，消费者在 C2C 电子商务市场中获取信息的方式更多、效率更高、成本更低。电子商务市场的低成本以及提供信息方面的高效率等优势在理论上能给企业带来利润，但是这并不意味着电子商务市场就一定有较高的市场效率。

（一）C2C 电子商务中信息不对称性形成的原因

与传统市场相比，电子商务市场的低入门障碍使出售劣质产品的商家更容易进入市场；信息技术在给电子商务市场带来低成本优势的同时，为制造虚假的产

品质量信息提供了方便；丰富的信息在为消费者提供更多决策支持的同时，增加了虚假信息误导其做出非理性决策的可能性。C2C 网上交易市场作为一种虚拟交易平台，也存在很多不利因素，如卖家的真实信息难以获悉和证实、售后服务难以保障、网上支付风险较高等。因此，与传统市场和 B2C 电子商务市场相比，C2C 电子商务市场中由于产品质量的不确定性和卖家的不确定性引起的信息不对称不但存在，而且更加严重。

1. 人的因素

虽然网络为人们提供了更为广阔的信息渠道，为更多的企业提供了发展机会，但信息不对称产生的原因是人们的机会主义倾向，即每个人都有可能为了自身利益的最大化而隐瞒自己所知道的信息。因此，信息的不对称并不会因为技术的创新或市场形式的改变而消失。相反，网络的虚拟性会使交易双方无法深入地交流与沟通，为了追求自身利益的最大化，商家更有可能选择欺诈。

虽然电子商务使交易范围和交易对象扩大了，但时空隔离导致交易双方的身份确认比传统市场困难，买家对卖家身份及信誉的怀疑程度增加。在 C2C 电子商务市场中，网络只是买卖双方快速、全天候传递交易产品信息的媒介，产品实物和销售网站的分离、产品订购和实物配送的分离容易造成买家所购买的产品质量与卖家网站上的说明不相符，甚至出现以劣质产品冒充优质产品的欺骗行为。在 B2C、C2C 等电子商务模式下，由于网络的虚拟性与资源的广泛性，交易关系的稳定性差，交易的频繁度降低，商家的一次性博弈心理加重。网络的普及使网络消费者的数量增多、转换频率提高，商家所拥有的市场扩大，商家抱着与消费者一次交易的心理，以欺骗策略为主导策略，加大了其隐瞒真实信息的可能性。此外，网络的虚拟性使交易双方无法深入进行交流与沟通，为了追求自身利益的最大化，商家更有可能放弃守信，选择欺骗。因此，网络的虚拟性使卖家身份不确定性成为导致"柠檬问题"出现的原因。

从博弈论的角度看，在交易过程中，买家与卖家之间是一个相互博弈的过程。在这场博弈中，卖家在拍卖成功后往往收到货款后才发货，属于博弈的后行为方，因而买家对卖家的信任问题成为关键。下面就从博弈论的角度来分析。

设某卖家通过 C2C 电子商务网站拍卖一件艺术品，假设买家 A 通过竞价赢得拍卖成功后，双方采取先付款后交货的商业信用原则进行交易，卖家许诺在买家付款后交货。买家在付款之前犹豫不决，因为他担心卖家在收款后会赖账，若卖家不守信用，其将血本无归。交易双方的策略和收益矩阵如表 6-1 所示。

表6-1　买卖双方的博弈矩阵

买　家	卖　家	
	交货	不交货
付款	(5，3)	(-8，8)
不付款	(0，0)	(0，0)

在非合作博弈情况下，买家有付款和不付款两种选择，如果不付款，则博弈结束，双方并不进行交易，买家没有达到购物的目的，买卖双方的效用均为0。如果买家付款，卖家作为后博弈方有两种选择，即交货与不交货。如果交货，买家满足了其购物需求，其效用为5，而卖家得到了货款，所获得的效用为3；如果不交货，则买家会血本无归，卖家获得买家的付款，其效用为8。

博弈理论强调个人理性，即在给定条件下追求个人利益的最大化。卖家的理性选择是收款后不发货，而买家按理性推断，认为卖家会在收到货款后不发货，因此他的理性选择是不付款，不付款、不交货为均衡策略，交易没有达成。在卖家没有信用、没有约束的条件下，竞标人与卖家之间不会发生交易。

从消费者的角度看，目前电子商务的普及率不高，人们对电子商务的认识不够，加上消费者的自我保护意识有待加强，网上交易的成功率不高，这些都助长了电子商务市场中"柠檬问题"的出现。

2.产品因素

在电子商务市场中进行交易的产品主要分为有形产品和无形产品两大类，它们的交易具有各自的特点。

（1）有形产品

首先，电子商务市场中有形产品的交易一般都是由传统市场转移到网上进行的，实现了物流和商流的分离、订购和配送的分离，这些分离在为交易提供方便的同时，带来了安全隐患，增加了商品质量的不确定性。其次，电子商务市场中的产品只能以图片、文字的形式传达质量信息，买家无从考证产品的质量。此外，电子商务市场中商家大多选择"先交钱后交货"的方式，这种特性决定了支付在送货之前，消费者鉴于当前社会的诚信状况以及对商家信誉的担心而犹豫再三，且目前电子商务市场的现状难以实现包退、包换的承诺，这在一定程度上给买者获得满意的商品增加了难度。

（2）无形产品

无形产品在网上交易中占据主导地位，它的某些特性已成为电子商务市场中"柠檬问题"的导火线。①不可预知性。网上销售的无形产品（数字化产品及服务）多为经验产品、一次性产品，使用之前并不知道产品的质量如何，因此消费者会非常谨慎地购买。一旦消费者购买了一次次品，其很有可能马上就放弃购买这种类型的产品而转向其他的替代品市场，导致"柠檬"市场形成的可能性更大。②无形产品的个性化。数字化的无形产品难以像传统的有形产品那样制定标准化的生产指标，其质量好坏在很大程度上取决于消费者的爱好、兴趣取向。以游戏软件为例，人们根本无法给这一类的产品制定一个标准，从而实现产品的标准化生产，避免产品质量信息的不对称。因为每个消费者都希望寻求个性化的产品。一般来说，购买数字化产品受骗的人数大于购买传统产品的人数，这加大了"柠檬"市场出现的可能性加大。③无形产品的不可破坏性和易复制性。此处的无形产品也可以等同于信息产品，任何产品的成本都可用以下公式表示：

$$成本 = 可变成本 + 固定成本 \qquad (6-1)$$

对于有形产品来说，生产的成本主要考虑的是可变成本，随着产量的不断扩大，不变成本分摊到各个产品上可以忽略不计；而无形产品则恰好相反，信息产品的成本主要是前期的产品研发成本，后期的主要是拷贝成本，可变成本几乎可以忽略不计。无形产品的成本可以表示如下：

$$无形产品的价格 = 固定成本 + 可变成本 + 利润$$
$$= （沉没成本 + 可交换成本） \qquad (6-2)$$
$$+(生产成本 + 流通成本)+ 利润$$

正是因为无形产品的这一特点，高质量的产品在市场上常常存在大量的"赝品"。这些赝品往往比正品具有更强的竞争力，占有更多的市场份额，制造商为此承受了巨大的经济损失。在这种情况下，不堪重负的软件商很有可能退出软件市场，导致"柠檬"现象产生的可能性加大。无形产品并不会因为使用而发生损耗、质量下降的现象，所以新产品和二手产品并没有根本性的区别，导致无形产品的生产商是在和自己已经卖出去的产品竞争。为避免这种情形的出现，无形产品的生产商采取了蓄意升级的销售策略。网络市场中无形产品的价格所能传递的质量信息是非常有限的，这时质量不确定性问题所导致的"柠檬问题"将更加突出。

3. 技术因素

虽然信息技术为电子商务市场中的网上交易与信息搜索提供了方便，但信息技术的使用也引发了很多的问题。例如，用先进的图片处理技术可以隐瞒产品真实的质量，使夸大产品价值变得更加容易。另外，从近年来的网上交易纠纷案来看，由服务器等设备的技术误差导致的纠纷案占了绝大多数。由此可见，技术这把双刃剑还需好好使用，否则它也会成为导致消费者退出市场的罪魁祸首。

电子商务站点上的安全漏洞会造成网上交易用户的账号、交易密码等泄露，恶意攻击者甚至可以盗用他人资金进行网上交易。根据中国互联网络信息中心（CNNIC）的最新调查，安全可靠性是电子商务用户最关心的问题之一。

4.电子商务网站的因素

网上拍卖市场为交易双方提供了便捷、高效的交易平台，扩展了信息交流的渠道。但目前我国电子商务市场发展得还不成熟，网站的信用机制和诚信体系还不完善，因而增加了买卖双方故意隐瞒信息、采用欺诈策略的可能性。

若电子商务网站中卖家预期发布的虚假信息不会被买家识破，或买家发布的虚假求购信息不被卖家识破，则网络交易的诚信问题就会出现。信息的多寡与真假对交易双方的预期起决定性作用。网络交易本身导致的信息不对称是电子商务交易中"柠檬问题"产生的根本原因。

（二）C2C电子商务市场逆向选择的形成

网络信息产品提供商比信息用户拥有更多的关于产品质量的信息，买家在无法确定网络产品质量时，就会出现劣品驱逐良品的"柠檬"现象。

下面通过对图 6-1 中两个图形的分析来说明由于信息不对称性的存在，低质量产品驱逐高质量产品，从而导致市场机制受到破坏甚至完全失灵。

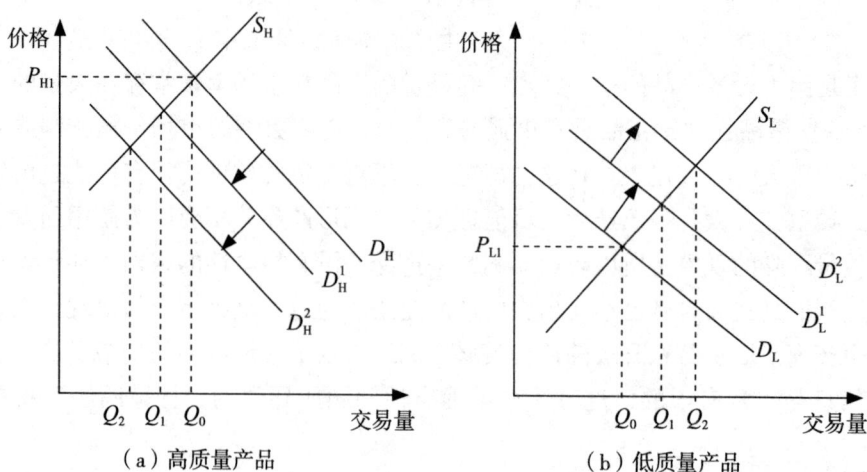

图 6-1 网络商品交易中的"柠檬"市场

在一个市场功能完善的理想世界中，市场中每个行为人都预测自己的行动并不会影响市场结果，经济行为人拥有与交易相关的所有信息。消费者能够在高质量产品和低质量产品之间进行自由选择。有些消费者会选择低质量商品，因为只需要支付很少的成本，而另一部分消费者愿意支付更多的钱购买高质量商品。图

6-1中，（a）表示高质量产品的供求曲线，（b）表示低质量产品的供求曲线，横坐标表示交易量，纵坐标表示价格。高质量产品比低质量产品具有更高的价格。

设高质量和低质量产品的供给分别为 S_H，S_L，需求分别为 D_H，D_L，价格分别用 P_H 和 P_L 表示，销售量用 Q_H 和 Q 表示，高质量和低质量产品各占交易总量的 50%，即图 6-1 中的 Q_0。当两种质量的产品各自达到交易均衡时，高质量产品的价格显然高于低质量产品的价格。在信息不对称情况下，买家在市场中商品平均质量降低时，希望支付的价格也会相应降低。图 6-1 中高质量产品的需求曲线向左移动至 D_H^l 时，低质量产品的需求曲线向右移动至 D_L^l，高质量产品的需求减少为 Q_1，低质量产品的需求量增加。市场出售的高质量产品的价格仍然高于消费者的预期，造成市场需求曲线继续向左移动，直到市场出清时仅剩低质量产品。

对于高质量商品的提供商来说，他们将无利可图，因此会退出产品交易市场，如图 6-1（a）所示。在图 6-1（b）中，市场交易中低质量的商品需求反而会增加。高质量商品的退出和低质量商品的涌入使商品的整体质量进一步下降。多次均衡的结果将导致网络市场中商品平均质量不断下降，高质量商品不断退出，低质量商品不断进入，"柠檬"市场随之产生，最终导致网络信息市场失灵，价格功能扭曲。

二、C2C 电子商务市场中逆向选择问题的解决方法

（一）传统解决方法的缺陷

在传统市场中，解决"柠檬问题"的基本方法是消除信息不对称。解决信息不对称的主要方法有信号传递和信号甄别等。信号传递是信息优势方主动向信息劣势方传递其所需要的信息，如根据商品的外观和价格等来推测商品的质量；信息甄别是信息劣势方主动搜集和筛选信息。这些方法在传统市场中的作用比较显著，但在电子商务市场就显得不尽如人意。

就传统市场而言，为担保产品质量所采取的措施，如无条件退货，在电子商务市场中就很难实现。在网络市场中销售的一些产品是无形产品，如游戏币、虚拟装备、软件等，这些无形产品具有易传递性和易复制性，实际上"退回"的产品已没有意义。网络市场中销售的产品部分是数字产品，而数字产品又是经验产品，如果要向消费者发送质量信号，就必须公布其内容，但内容公开后消费者就不会购买了。如何才能把数字产品的质量信号发送给消费者，又不公开数字产品的内容呢？这个问题比较难解决。

此外，退款有时候也是不可行的。对于购买低价值物品的情况，其处理花费要比物品价值高得多。间接信息是通过标识和信誉传递给消费者的，但这种方式是建立在消费者进行重复购买的基础上的。在网络市场中，有些产品消费者只购买一次，这时声誉好的卖家几乎不占什么优势。

在传统市场上，卖家可能会建立规模和档次都很高的商店和保修店，消费者能从商店的环境、优雅的外观或卖家的标识等来判断商品的质量，从而愿意购买其产品。但是，在电子商务虚拟市场中，有些间接信号是无法提供的，有些信号又是变化频繁的，因此用间接信号来传递产品质量也是非常困难的。

在信息不对称的传统市场中，商品的质量与价格有关，从某种意义上说，高价格意味着高质量，低价格意味着低质量。所以，价格可以作为传递和判断质量的信号。在 C2C 电子商务市场中，价格能起到的作用是非常有限的。产品的个性化和差异化是厂家为了减少相同产品之间的竞争对消费者进行分类，无形中会形成对产品的垄断，这样反而会加剧消费者对产品质量判断所面临的信息劣势。

（二）C2C 电子商务市场中逆向选择问题的规避

为保证诚信交易，目前 C2C 电子商务网站普遍采用了实名认证制度、信誉评价制度、银行合作制度和网络社区沟通制度，用以消除信息不对称性，解决逆向选择问题。

1. 实名认证制度

实名认证制度是指通过身份证、信用卡两种方式进行用户注册。易趣在 2001 年 2 月推出实名认证后，仅一个多月的时间里，就有 95% 的卖家进行了涉及身份证号码、户籍所在地、真实姓名等资料的实名认证。C2C 电子商务网站提供实名认证功能，把网名与自然人一一对应，一旦出现网上欺诈，受骗者可以通过网站找到自然人，从而实现索赔。

要在易趣、淘宝、拍拍等 C2C 电子商务网站参与竞买，使用网名注册为用户就可以。但是，要想在网站中成为卖家，就一定要通过实名认证。目前，淘宝网使用较多的为支付宝认证。支付宝认证除了核实身份信息外，还会核实银行账户等信息。通过支付宝认证后，就相当于拥有了一张互联网身份证，可以在淘宝网等众多电子商务网站开店、出售商品。

支付宝认证为第三方认证，并不是交易网站本身认证，因而更加可靠和客观。此外，支付宝认证由众多知名银行共同参与，更具权威性；除身份信息核实外，支付宝认证还增加了银行账户信息核实，极大地提高了其真实性；认证流程简单并容易操作，认证信息及时反馈，用户可实时掌握认证进程。

2. 信誉评价制度

电子商务网站建立了一个信誉评价反馈系统，使买卖双方在完成交易后可以相互对对方的信誉状况进行评价。目前，易趣、淘宝、拍拍等 C2C 网站都拥有自己的信誉反馈系统。下面以淘宝为例，简单地介绍信誉反馈评价制度。

淘宝网是我国最大的 C2C 电子商务交易平台之一，它的信誉反馈机制类似一个信用卡管理中心，因为它为具有第一手资料的交易者提供私人信息存储中心。交易双方提供文本评论，淘宝工作者将这些评论编辑成报告，用来创建每个用户的信誉记录和诚信总体评价。每一笔交易完成后，交易双方都会根据对方在交易过程中的表现做一个评价，评价者将这些评论分为三类："好评""中评"和"差评"。

好评：物品符合描述，交货及时，服务好，等等。

中评：物品有瑕疵未说明，交易较为拖拉，等等。

差评：物品与网上描述有显著差异，未完成交易及买卖任何一方在交易流程中态度恶劣，等等。

"好评"信誉度加 1 分，"中评"不得分，"差评"扣 1 分，并根据信誉度的大小给出诚信度的星级。星级是记录淘宝会员过去在淘宝上的所有交易情况，是衡量交易对象信用的重要依据。信誉度和星级是有对应关系的，在交易中卖家的信誉度分为 15 个级别，如表 6-2 所示。

表 6-2　卖家信誉度级别

信誉度	星 级	信誉度	星 级
4 ～ 10 分	❤	2 001 ～ 5 000 分	💎💎💎
11 ～ 40 分	❤❤	5001 ～ 10 000 分	💎💎💎💎
41 ～ 90 分	❤❤❤	10 001 ～ 20 000 分	👑
91 ～ 150 分	❤❤❤❤	20 001 ～ 50 000 分	👑👑
151 ～ 250 分	❤❤❤❤❤	50 001 ～ 100 000 分	👑👑👑
251 ～ 500 分	💎	100 001 ～ 200 000 分	👑👑👑👑
501 ～ 1 000 分	💎💎	200 001 ～ 500 000 分	👑👑👑👑👑
1 001 ～ 2 000 分	💎💎💎		

在交易中买家的信誉度分为 15 个级别，如表 6-3 所示。

表 6-3　买家信誉度级别

信誉度	星　级	信誉度	星　级
4 ~ 10 分	♥♥	2 001 ~ 5 000 分	♥♥♥♥
11 ~ 40 分	♥♥♥	5001 ~ 10 000 分	♥♥♥♥♥
41 ~ 90 分	♥♥♥♥	10 001 ~ 20 000 分	👑
91 ~ 150 分	♥♥♥♥♥	20 001 ~ 50 000 分	👑👑
151 ~ 250 分	♥♥♥♥♥	50 001 ~ 100 000 分	👑👑👑
251 ~ 500 分	💎	100 001 ~ 200 000 分	👑👑👑👑
501 ~ 1 000 分	💎💎	200 001 ~ 500 000 分	👑👑👑👑👑
1 001 ~ 2 000 分	💎💎💎		

淘宝网中的信誉积分原则如下：

（1）2006 年 3 月 10 日起，使用支付宝且交易成功的交易可以进行评价并生效计分。

（2）2007 年 6 月 21 日起，淘宝全网都有匿名购买功能，会员在任何类目购物都可以选择匿名评价，并且评价会生效计分。

（3）每个自然月中，相同买家和卖家之间的评价计分不超过 6 分（以支付宝交易创建的时间计算）。超出计分规则范围的评价将不计分。若 14 天内相同买家、卖家之间就同一商品有多笔支付宝交易，多个好评只计 1 分，多个差评只记 –1 分。

（4）评价是否计分一般不会在评价内容后注明，只有在未通过支付宝付款情况下会注明评价不计分。不计分的评价照常显示，但不计入淘友的信用指数。

（5）如果一方好评，另一方未评，使用支付宝交易且交易成功的，在单方好评的 45 天后，系统会自动默认给予评价方好评。信誉反馈系统鼓励注册用户给出负面反馈意见，这种策略有助于建立合适的负面反馈标准。同时，当发生纠纷时，鼓励双方通过交流利用其他方式解决冲突，使参与者不对轻微的违规（如付款速度慢、产品配送速度慢等）给出负面评价。淘宝网通过累积个人的好、中、差评价的数量和积分来记录每个用户不断更新的信誉。但是，信誉评价也会带来一些问题。

在淘宝的平台上，信用是通过交易量累计起来的。"钻石""皇冠"等信用等级已经成为卖家做生意的基础。对广大网店店主来说，高信用等级就意味着更多的商品、更多的客户和更多的生意。

但随着淘宝网店数目的不断膨胀，卖家的信用成本也越来越高。小李说："现在淘宝上店铺太多了，没有两三个钻石几乎就没生意。"对于小李这样的新卖家而言，通过虚假交易刷信用几乎成了生存下去的普遍做法。

目前，淘宝推出了第二代安全稽查监控系统并让网络卖家开展诚信自查行动，大规模的信用清查引起大量店主的不解与不满，甚至有些卖家组织起了反抗行动。但是，如果不彻查，任由刷信用泛滥，则可能会导致淘宝信用体系崩溃。事实上，从淘宝信用机制建立的第一天起，刷信用的做法就随之而生。朋友帮忙拍下一件商品，付款之后店主把钱归还但并不发货，这样一个淘宝上的"真实交易"就诞生了。

但是，这种做法效率太低，刷信用的速度太慢，所以并不会对整个信用体系造成太多影响。真正导致炒作信用泛滥的是刷信用平台的出现。由于进入门槛过低，在淘宝交易量迅速增长的背后，伴随的是刷信用平台的飞速发展。2008年下半年开始，炒信用公司和个人平台如雨后春笋般冒了出来。在意识到虚假信用开始威胁到整个评价系统后，淘宝在2009年4月酝酿打击了刷信用的行为。当时，淘宝还试探性地发起了"抵制炒作，倡导诚信"的承诺活动。

从2003年发展至今，淘宝已经达到了过千亿的年交易规模。在千亿的交易额背后，淘宝创建的以交易记录为核心的信用体系功不可没。通过"皇冠""钻石"等信用等级，买家可以直观地判断网店的可信度，这在一定程度上解决了网购中的信任问题。虽然信誉反馈机制还存在一些缺陷，但它在C2C电子商务交易市场中的作用是不容忽视的。据悉，淘宝网创立的信用机制已经成为国内网络零售行业的事实标准，易趣、拍拍等平台都沿用并承认了这一机制。

3. 网络社区沟通制度

网络社区是消除信息不对称性的一个措施，买卖双方之间的交流能力对减少网络欺诈有重要影响。网络社区是买家、卖家相互交流的空间，在这里，买家能以较低的成本分享他人的经验，学习网上交易的规则，了解一些没有在交易规则中说明的交易风险，这些都有助于买家更安全地交易。例如，淘宝网络社区中有专门的淘友互助吧、淘宝大学、诚信防骗局等板块。同时，买家可以向违规的卖家进行投诉，对炒作信誉度、哄抬价格、商标侵权、销售行为侵权、外观设计侵权等行为进行自律。淘宝等网站在接到投诉后会进行调查，及时处理投诉。

此外，淘宝还推出了即时聊天工具，交易双方可以进行实时沟通，了解商品信息和交易对象信息等，这样就可以有效地减少信息不对称，减少交易中的逆向选择问题。这种整合了交易功能的通信软件已成为重要的洽谈、促销助手。与易趣达成交易后才能直接沟通不同（交易前只能在网页上留言），淘宝网的用户可以在交易达成之前就进行充分的沟通，有关商品质量、规格、花色的信息以及一些网页商品介绍中不够清楚的细节都可以通过聊天直接沟通，甚至可以在购买之前讨价还价，极大地提高了信息传递的效率和质量。同时，交易过程中的聊天记录截图可以作为发起投诉时的有效证据。

第二节　电子商务信誉反馈实证研究与分析

如何促进电子商务环境下消费者建立交易所必要的信任已经成为电子商务交易平台和电子商务领域的研究者共同关注的问题。基于制度的信任是信任中的一种重要模式，它使不熟悉的经济环境中的信任得以建立。在 C2C 电子商务交易中，参与交易的主体是个人用户，客观存在的制度因素带给用户的是一种主观感受，这种感受会影响其交易心理和行为。现有的 C2C 电子商务网站采用的制度有很多，如在线信誉反馈系统、第三方担保服务、实名认证等。

主体框架建立在理性行为理论和消费者行为理论的基础上，从消费者角度将外部前因变量与人们对网络购物的态度和行为意向结合起来，探讨各影响因素对人们行为的作用和影响。根据信任理论和感知风险理论，信任与感知风险是影响网上消费者行为的重要变量，因此信任已被纳入消费者网上购买行为的研究中。而影响交易信任的因素很多，之前的研究者主要从网络购物经历满意度、网站质量、网站声誉、消费者个体特性等因素出发探索电子商务信任。本研究侧重具体的交易管理机制，从网站制度的角度来探讨信任的前因，探索信誉评价反馈系统、实名认证、互动沟通、第三方担保服务等对 C2C 电子商务信任的促进作用。

C2C 电子商务环境下网站平台和卖家是两个不同的信任客体对象。C2C 交易双方将网站作为交易平台，在平台上注册登记个人信息，通过它来传递交易信息，完成商品交易。虽然 C2C 电子商务平台并不直接参与交易，但是它通过制定交易规则，实施交易管理，构建消费者认为安全和可信的交易环境，从而对平台中的卖家也产生信任感。因此，可以把 C2C 电子商务交易信任分为三个方面：对网络环境的信任、对网站平台的信任和对平台中卖家的信任。用户对任何一个环节不信任，都会导致电子商务交易的失败。在理性行为理论、消费者行为理论的基础上，结合网络消费者的特点、网站的各种制度、卖家的特征等构建消费者网络购买意愿影响因素模型，如图 6-2 所示。

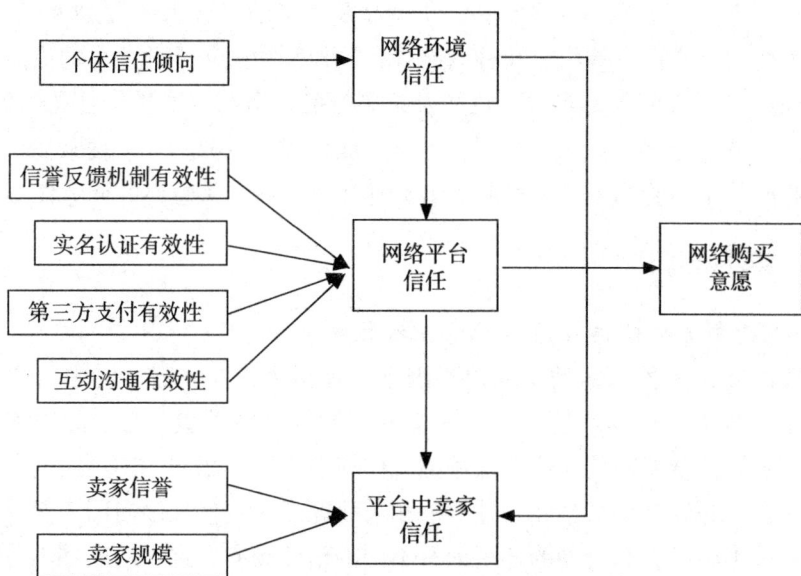

图 6-2 信任与网络购物意愿研究模型

整个实证研究理论框架模型由三类变量和它们之间的关系构成：前因变量为消费者个体特征、购物网站特征和网站中卖家特征，中介变量为信任，结果变量为网络购买意图。

此模型在一定程度上反映了消费者因素、网站因素和卖家因素与消费者信任之间的影响作用机制，还反映了信任与网络购买意愿之间的作用。C2C 模式买卖双方及交易都具有很大的不确定性和高动态性，因此作为交易平台的 C2C 购物网站在构建消费者信任的问题上作用重大。

消费者对不同商品的购买决策是不同的，因此网络商品的特性也将影响消费者的购买行为。人们通常将商品分为三大类：搜寻品、体验品和信任品。

对于某些商品，消费者在购买前能够确定产品质量特性，如书、各种标准器件等，因而感知风险较少。而另一些商品的质量在购买前是不确定的，消费者缺少相关信息，就增加了感知风险，如服装、手机等。还有一些商品或服务即使在消费者使用之后也无法获得其产品特性的相关信息，无法验证其产品品质，如医疗服务等。

在 C2C 电子商务中，很少有信任品的存在，而消费者在购买不同价格的商品时面临的感知风险也是不同的，所以本研究将网购商品分为三类：搜索品、低价格体验品和高价格体验品。根据中国互联网络信息中心（CNNIC）的调查，书籍、音像制品是传统的网络购物商品，目前仍占据着重要地位。半年内有 32.4%

的网民在网上买过书籍、音像制品；化妆品及珠宝的购买比例为 28.9%，占据商品购买人数的第三位。除以上几种商品外，其他几种购买人数最多的商品依次是通信数码产品、充值卡、点卡、玩具及母婴用品、电脑及配件、食品与保健品。因此，本部分研究将选择三类产品：书籍、服装和手机分别代表搜索品、低价格体验品和高价格体验品，验证产品类型对感知风险和购买意愿的调节作用。

一、实证研究设计

（一）消费者个体信任倾向对信任的影响

信任倾向是一种稳定的个人内在因素，是指个人在一般情境中所表现出来的意愿依靠他人的倾向程度。每个人都有不同的性格类型、生活经历和文化背景，所以不同消费者对他人值得依赖的总体期望也不尽相同，即不同消费者的信任倾向存在差异。社会科学和心理学的相关研究表明，信任倾向因人而异，个人也会因为过去的经验和所处的环境拥有不同的信任倾向。这一倾向并不是建立在对某一个第三方组织的交往经验或者了解程度上，而是建立在人们的生活经验和社会阅历的一般反映上。当消费者与某一组织或者某个人没有发生过任何交往经历时，个人信任倾向对客户信任的影响就特别显著。信任倾向是消费者个体的特征，是经过长期社会化形成的依赖其他人的意愿，是由其文化背景、个性和个人的发展经历决定的。在网络环境下，信任倾向会影响消费者对网络商店和相关网站的信任，并且具有差异。个人信任倾向越明确，信任的程度和态度就会表现得越明显。因此，有如下假设：

（1）个人信任倾向正向影响用户对网络环境的信任。

（2）个人信任倾向正向影响用户对拍卖网站的信任。

（3）个人信任倾向正向影响用户对网站中卖家的信任。

（二）网站交易管理机制对网站平台信任的影响

目前，国内外 C2C 电子商务网站采取各种不同的服务和交易管理机制来保障网络交易的安全性。通过文献阅读，登陆国内外各大知名 C2C 网站，与使用过这些网站的用户进行深度访谈，了解到目前 C2C 电子商务市场中主要存在几种在线交易管理机制：信誉反馈、实名认证、第三方支付和互动沟通等。

1. 信誉反馈机制有效性感知

信誉对网络交易中信任的建立起着非常重要的作用。当交易双方之间没有历史交易经历时，口碑就是吸引用户的重要因素。交易一方的信誉可被视为掌握在另一方手中的一种"抵押品"。信誉反馈机制由在线信誉系统和信用评价规则组成，不同的网站有不同的信用评价规则。信誉评价系统包括两方面：一方面，用户在交易结束后对交易对象进行信誉评价，在线信誉系统收集评价信息，计算用户的信誉度。网站根据用户累加信誉度的高低对用户进行评级，每个用户都有信用分数记录。另一方面，在完成交易后可对交易伙伴进行简短语言描述的内容评价，如"不错，商品和送货服务都很好""货已收到，合作愉快"等。这一信誉评价机制通过反馈评论使交易一方能感受到对方的善意。信誉反馈机制保存了每个交易方的每一笔交易和相关的信誉评价，并且通过反馈论坛提供了交易方的信息，这是陌生的交易双方之间建立信任关系的基础。买方在交易前根据前人对卖方的评价做出购买决策。同时，买方对卖方的评价会影响卖方以后的行为，他们会为了更高的信誉度表现出更好的行为。因此，用户感知信誉反馈机制的有效性对交易对象的可靠性等有促进作用。可以提出假设：信誉反馈机制有效性正向影响用户对网站的信任。

2. 实名认证有效性感知

实名认证是交易平台采用的对注册用户身份进行确认核实的系统，确保用户的注册名和真实姓名存在并唯一。用户身份的多重性往往会造成用户虚假交易、更换身份进行交易等欺诈现象。通过信用卡或身份证等进行实名认证，可以保证用户身份的真实性和唯一性，因而有利于提高用户对网站的信任度。可以提出假设：实名认证有效性正向影响用户对网站的信任。

3. 第三方支付有效性感知

第三方支付是指交易双方通过网站进行交易活动时，在取得物品的交易权之后，网站让买家将货款支付到网站指定的第三方账户上，再通知卖家发货，买家收到货物并确认无误之后，第三方再将货款支付给卖家。例如，易趣的"安付通"、淘宝的"支付宝"等。

第三方支付系统在交易过程中可以实施资金的全程监控，有利于保护交易双方的资金安全。借助传递信任，C2C电子商务用户对第三方支付的有效性感知将影响用户对网站的信任。因此，可以提出假设：第三方支付的有效性正向影响用户对网站的信任。

4. 互动沟通有效性

从社会互动论和社会交换理论的角度看，消费者对拍卖网站的信任和卖家的信任是在双方互动交往过程中建立起来的。C2C电子商务网站对交易过程中的违规行为制定了具体的规则。当出现违反规则行为时，用户可以向拍卖网站进行投诉。拍卖网站和用户相互沟通和处理投诉的速度、有效性等影响着用户对网站的信任程度。麦克奈特等认为，互动展示了卖家对消费者的积极态度，买家与卖家的互动沟通会影响买家对卖家的信任。建立对话回路接收响应信息，使用淘宝旺旺等实时聊天工具可以让用户在使用过程中更容易获得所需要的信息，增强其对网站和卖家的信任。

（三）卖家特征对网络卖家信任的影响

1. 卖家的信誉

当交易者的信誉在市场中传递时，信誉的好坏有助于阻止不良记录的交易者进入市场，帮助一般的交易者在交易过程中降低风险。信誉是信任的一种替代资源。在交易中，当一方对另一方缺乏了解时，信誉就起到关键的作用。卖家的信誉度越高，说明在过去交易中，卖家得到的好评数越多，市场上其他人认为该卖家是可信的，这就使新的买家没有理由认为卖家在具体的单次交易中出现一些不可信的行为。因此，有如下假设：卖家的信誉度越大，买家越信任该卖家。

2. 卖家的规模

根据融资优势理论，企业规模越大，就越为公众所了解，信息的透明度就越高，且在经营存在风险时，规模较大的公司更容易通过其他途径摆脱困境。皮特森利用 NSSBF 模型对美国大企业和小企业的信用进行分析，得到大企业能够获得更多商业信用的结论。在 C2C 电子商务中，卖家的规模越大，过去销售的产品越多，越能抵御市场风险，消费者越信任卖家。因此，提出如下假设：卖家的规模越大，买家越信任该卖家。

（四）网络环境信任、网站信任和卖家信任的关系

C2C 电子商务中的感知可信性可以分为消费者对网络环境的信任、对 C2C 电子商务网站的信任和对平台中卖家的信任。这主要是因为 C2C 电子商务环境下网站平台和卖家是两个不同的信任对象。C2C 交易双方将网站作为交易平台，在平台上注册登记个人信息，通过它来传递交易信息，完成商品交易。虽然 C2C 电子商务平台并不直接参与交易，但是它通过制定交易规则，实施交易管理，构建消费者认为安全和可信的交易环境，从而对平台中的卖家也产生信任感。

（五）产品类型对感知风险和网络购买意愿的调节作用

最早正式提出产品分类模式的学者根据消费者的购物习惯以及搜索产品时所付出的努力程度，把消费品分成便利品、选购品和特殊品。还有一种在传统购物环境和网络购物环境中都适用的分类方法，尤其是在网络环境中应用更为广泛，即根据消费者对产品特性的了解程度及了解方式，把产品分为搜寻品、体验品和信任品。

（1）搜寻品：消费者在购买或使用之前容易获得其产品特性相关信息的产品。因此，消费者在购买前对产品品质有一定程度的了解，对购买决策的感知不确定性和风险相对较低。

（2）体验品：消费者只有在使用之后，才能对产品品质做出适当判断的产品。原因有两方面：一是产品特性信息只有通过体验才能获得；二是产品特性信息的搜寻比直接体验代价高很多、困难得多。

（3）信任品：一般消费者即使在使用之后也无法获得其产品特性的相关信息，因此无法验证其产品品质如何，通常只能给予信任，如医疗服务等。

根据三种产品类别的定义，在搜寻品到体验品再到信任品的产品类别连续带上，消费者可以获得的关于产品或服务特征的信息越来越少，获取信息的难度越来越大，成本越来越高，因此消费者购买的不确定性越来越大，感知风险的水平也就越来越高。消费者在购买搜寻品、体验品和信任品时，感知风险是依次升高的。在C2C电子商务中，很少有信任品的存在，而消费者在购买不同价格的商品时面临的感知风险也是不同的。

二、变量的定义与测量

（一）各变量的定义

本研究涉及的变量主要有五个层面：消费者个体特征、网站特征、卖家特征、消费者认知和行为意向。每个层面由几个变量组成。各变量的定义如表6-4所示。

表6-4 本研究各变量的定义

层 面	研究变量	变量定义
消费者个体特征	个体信任倾向	个体针对一般的情境中表现出来的意愿依赖他人的倾向程度
	网络密切度	消费者使用互联网的历史、强度和频率
网站特征	第三方支付有效性	买卖双方在网上达成商品交易意向后，买家将款项先支付给第三方，由第三方暂时保管，待买家收到货并且检查无误后通知第三方中介，由第三方将货款支付给卖家，完成整个交易过程的有效性
	信誉评价有效性	在线信誉系统和信用评价规则的有效性
	实名认证有效性	交易平台采用的对注册用户身份进行确认核实的系统的有效性
网站特征	互动沟通有效性	网站平台针对交易过程中的违规行为制定的具体规则的有效性，用户可以对违规行为进行举报，网站按其规则进行处理

层　面	研究变量	变量定义
卖家特征	卖家信誉	卖家的声望和名誉是他人对卖家的评价，一种形象标识
	卖家规模	卖家销售产品种类的多少和卖家过去销售产品的数量
消费者认知	感知网络环境信任	消费者对网络技术、网络安全性和可靠性等的信念认知
	感知网站信任	消费者对网站的善意、正直、能力和行为可预测的信念认知
	感知网络卖家信任	消费者对卖家的善意、正直、能力和行为可预测的信念认知
	感知风险	消费者通过网络购买产品或者服务时，在购买或者使用过程中，产品、网络或网上卖主潜在的问题会给自己造成某些方面的损失，从而在购买决策前知觉到的主观风险
行为意向	网络购买意愿	消费者进行网络购物的准备状态，表达了消费者进行或者不进行网络购物的意愿

（二）变量的操作性定义和衡量问项

针对 C2C 电子商务主体和我国的电子商务市场实际情况稍做修改，设计了衡量各变量的问项。研究对象为 C2C 电子商务，某公司以平台的成交额作为电子商务市场占有率的计算依据，其中淘宝以 81.5% 的市场占有率位居第一，位居第二位的拍拍网的市场占有率仅为 16.6%，因此本研究以淘宝网用户为调查对象，各变量的测量问项及对应的参考文献如表 6-5 所示。

表 6-5　各变量的衡量问项

层　面	研究变量	衡量问项	参考文献
消费者个体特征	个体信任倾向	TP1 我总是相信他人 TP2 我认为人们都是善意的 TP3 我认为人们都是可信的 TP4 对我来说，相信他人并非难事	McKnight et al.（1998）；Lee&Turban（2001）

续 表

层 面	研究变量	衡量问项	参考文献
消费者个体特征	网络密切度	您接触网络的时间 您每周上网的次数 您平均每次上网的时间	Bellaman（1999）； Citrin（2000）； Corbitt（2003）
网站特征	第三方支付有效性	PA1 支付宝可以保证我在支付过程中的资金安全 PA2 在淘宝网中购物时，使用支付宝是方便快捷的 PA3 在淘宝网中买东西时，使用支付宝是很有帮助的	Ba&Pavlou（2002）； McKnight et al.（2002）
	信用评价有效性	RA1 淘宝网中卖家的信用评价信息是真实可靠的 RA2 淘宝网使用的信用评价积分规则是科学合理的 RA3 淘宝网采用的信用评价能够有效激励卖家诚实交易 RA4 淘宝网的信用评价信息对我在淘宝购物很有帮助	Ba&Pavlou（2002）； McKnight et al.（2002）
	实名认证有效性	IC1 淘宝中大部分卖家都通过了实名认证 IC2 我认为通过实名认证的卖家信息是真实可靠的 IC3 淘宝网对卖家进行实名认证是很有必要的	McKnight et al.（2002）； Pavlou（2004）
	互动沟通有效性	IN1 淘宝能及时回复顾客提出的问题和意见 IN2 向淘宝投诉、举报卖家的欺诈行为很容易 IN3 淘宝网处理投诉和举报很及时	Doney&Cannon （1997）
卖家特征	卖家信誉	SC1 该卖家知名度很高 SC2 该卖家有良好的声誉 SC3 大家普遍认为该卖家关心顾客	Shanker&Ganesan （1994）； Kim（2005）
	卖家规模	SS1 该卖家销售的产品种类较多 SS2 该卖家的规模较大 SS3 该卖家过去销售的产品数量较多	Petersen（1997）

层 面	研究变量	衡量问项	参考文献
消费者认知	感知网络环境信任	ET1 互联网具备足够的安全性，我可以放心地进行网络购物	Lee&Turban（2001）
		ET2 尽管存在不规范经营者，但网络卖家整体还是让人放心的	
		ET3 目前，互联网已经成为一个稳定并且安全的商业交易场所	
		ET4 我感觉网络购物中的不确定性和风险还是能够让人接受的	
	感知网站信任	WT1 我认为淘宝网是可以信任的	Gefen（2000）；Pavlou& Gefen（2004）
		WT2 作为一个交易平台，淘宝网有很高的声誉	
		WT3 我会依赖淘宝网提供的服务	
		WT4 我认为淘宝网会注重我的需求，并保护我的利益不受侵害	
	感知网站中卖家信任	ST1 我认为淘宝网中的大多数卖家是值得信赖的	Gefen&Straub（2000，2004）；Lee&Turban（2001）
		ST2 我认为淘宝网中的大多数卖家是诚实的	
		ST3 我认为淘宝网中的大多数卖家是可靠的	
	感知风险	PR1 我认为通过淘宝网购物有很高的风险	Stone（1993）；Jarvenpaa（2000）；Crobitt et al.（2003）
		PR2 我认为通过淘宝网购物是危险的	
		PR3 我认为通过淘宝网购物有很大的不确定性因素	
行为意向	网络购买意愿	I1 我愿意在淘宝网上查询所需要的商品信息	Fishbein&Ajzen（1975）；Taylor&Todd（1995）；Jinsook Cho（2004）
		I2 我愿意推荐朋友使用淘宝网查询购买商品	
		I3 我愿意提供个人信息，注册成为淘宝网的会员	
		I4 以后我愿意选择淘宝网作为购物的途径之一	

三、问卷的形成与前测

（一）问卷结构

为了提高调查数据的信度与效度，问卷的结构与问项的设计十分重要。本研究共有 13 个变量，采用李克特七点量表进行测量。所有操作性问项是在文献与前人实证研究的基础上，根据 C2C 电子商务的特点形成的。根据邱吉尔的建议，主要通过以下几个步骤获得测量题项。

（1）对近年来国外顶级期刊进行全面扫描，找到每个研究变量的测量题项并进行回译（请在国外的朋友将英文题项翻译成中文，随后将中文问卷再翻译为英语，并与原文进行对照，如此进行三次）。

（2）为了确保量表的效度，在尽可能保持原量表的基础上，对周围有丰富淘宝购物经验的 15 名朋友进行深度访谈，对题项进行必要的修正，以保证量表符合中国的情况。

（3）在此基础上确定初步的测量题项，并进行预调查，调查的样本数为 70。

（4）根据预调查的结果对问卷的信度和效度进行分析，而后修正问卷，形成最终正式问卷。

本调研问卷主要由七部分构成：第一部分为个人的网络购物概况。为使问卷不过于繁杂，第一部分的问项主要集中在样本识别和网络购买强度特征上，主要问项有是否知道网络购物、是否知道淘宝网、过去 1 年内在淘宝网购买商品的次数、平均每次购买的金额、购买的品种以及选择在淘宝购买的原因等。第二部分是消费者个人信任倾向和网络交易信任。第三部分是网站的制度。第四部分是卖家的特征。第五部分是感知风险。第六部分是行为意图。第七部为个人基本情况，包括性别、年龄段、受教育程度、网络使用情况等。在问卷的问项设计上，除第一部分和第七部分是一般性选择题外，其余部分均为李克特七点量表。

（二）问卷前测

在进行正式大规模调查之前，先进行问卷前测，以判断问卷的信度和效度。

将初步设计的问卷于 2008 年 3 月 20 日和 4 月 10 日在运筹学课堂上发放并进行前测，在前测阶段共发放问卷 70 份。判断问卷问项是否合理有效、语句是否得当等。CNNIC 的中国互联网络使用调查报告显示，30 岁以下的网民占 70%以上，学历在大专以上的网民占 45%以上。因此，大专以上、30 岁以下的网民群体是最大的网民群体，对这一群体进行调查能够反映中国多数网民的行为特征。

前测分两次进行，并对两次的数据进行相关分析。通过相关分析发现，各题项的相关系数均超过 0.6，大于要求的 0.5。在结构效度检验阶段，采用因子分析，删除的标准为变量的共同度小于 0.5 及分群后重叠性高、差距小于 0.1 的题项。在结构信度检验阶段，采用克朗巴哈系数法分析，删除的标准为显著性水平 a 值小于 0.65 及删除选项后能提高 a 值的题项。

采用 SPSS 11.5 软件进行探索性因子分析和验证性因子分析，从 KMO 统计量来看，量表整体 KMO 统计量为 0.797，大于要求的 0.6，说明问卷具有较好的结构效度。

四、研究对象与调查方式

探讨网站各种制度能否促进网站信任以及影响消费者购买不同商品的意愿影响因素，要选择经常浏览淘宝网的用户作为研究对象，其中包括曾经在淘宝网中购买过商品的消费者，也包括没有购物经验的潜在消费者。

调查对象以高校学生群体和企事业单位中的上班族为主。选择这两类群体一方面是出于样本收集的方便性，另一方面是因为这两类人群是我国网络消费群体中的主力军。本章研究样本数据来源于问卷调查，采用在线和离线两种调查方式，数据获取时间为 2008 年 5 月 20 日至 7 月 31 日，历时两个多月。在线数据获取主要通过设计调查网站，让被调查者登录调查网站回答问题。通过熟悉的人在大学校园内机房、社会上的网吧、企事业单位办公室等能够上网的场所发出调查邀请，共选取了位于成都、南京、武汉、厦门和南宁 5 个城市 7 所高校的机房进行调查。同时，通过淘宝旺旺和电子邮件等方式邀请淘宝好友帮忙填答问卷。离线数据获取主要通过给成都、厦门两地高校大学生和一些企事业单位上班族发放纸质问卷并进行回收。由于淘宝在我国 C2C 电子商务中占据较大的市场份额，因此本次调查选择淘宝网用户为调查对象。调查对象有两种：一种是访问过淘宝网，试图进行网络购物但还没有网络购物经验的消费者；另一种是在淘宝网购买过商品的消费者。由于网吧内上网者、企事业单位办公室工作人员参与的积极性不高，所以被调查中在校大学生占了绝大部分，约 70%。

学生占被调查对象的大部分似乎有其自身的欠缺，有学者曾对将学生作为研究对象的有效性提出质疑。但麦克奈特等认为学生能够代表真实的状况，同时有很多研究均以学生作为电子商务研究的样本。在 C2C 电子商务中，受过高等教育的学生可以对日常购买做出自己的决策，并且大多数在校大学生对网络环境比较熟悉，能熟练应用各种网络工具，可免费接入因特网，有更多的机会利用网络从事沟通和商业交易。此外，中国的网络购物者以受过良好教育的年轻人为主；网络零售业的技术、物流和支付问题在最近才得到比较好的解决，大学生更具有冒险精神，愿意接受新鲜事物，更容易接受网络购物。CNNIC 的调查结果显示，中国网民的主体仍旧是 30 岁及以下的年轻群体，占 68.6%；网民中学生所占比例达到了 1/3；网络购物使用率占网民总数的 27%，其中学生所占的比例超过了三成。因此，调查样本以学生为主是合适的。

五、实证分析与结果

本研究采用量化的方法进行资料分析，主要采用 SPSS 11.5 和 LISREL 8.7 统计分析软件作为统计工具来分析调研数据。分析的方法包括样本的基本数据说明、信度分析和效度分析、相关分析和回归分析，采用结构方程模型分析网络交易信任转移的路径依赖关系，并根据分析结果验证前文提出的研究假设。

（一）样本描述性统计

本研究的正式调查问卷采用网络与实体填写两种方式进行，问卷调查时间约两个月，共得到有效问卷 1 601 份。本小节对所回收的问卷资料进行整理，分析被调查样本的人口统计资料、网络使用与网络购物等分布情况。

由于本次数据分为在线和离线两种采集方式，为使研究结果可进行推广，需要对样本来源可能产生的误差进行检验。本书采用外推法进行检验，比较两类数据在个体信任倾向、网络使用时间、感知风险、感知收益方面的情况，观测其是否存在显著性差异，以此来判断样本来源偏差情况，检验结果如表 6-6 所示。

表 6-6　样本数据的同质性检验

同性质	检验值	显著性
个体信任倾向	$T=1.241$	0.215
网络使用时间	$T=2.568$	0.080
感知风险	$T=-0.977$	0.329
购买意愿	$T=2.212$	0.148

检验结果显示，个体信任倾向、网络使用时间、感知风险和购买意愿在 5% 的显著性水平下，两组样本不存在显著性差异。

1.样本人口统计特征

本次调查共得到有效问卷 1 601 份。其中，淘宝网购物经历的消费者 805 名，占 50.3%；尚未在网络购物的消费者 796 名，占 49.7%；学生样本 1 177 个，企事业单位上班族 424 个。在有效样本中，男性占 56.7%，女性占 43.3%。在年龄分布上，本次研究的对象主要是网民中的年轻一族。本次研究对象年龄主要分布在 19 ～ 25 岁，占总样本的 77.8%；其次是 26 ～ 35 岁的年轻人，占总样本数的 18.7%。2006 年中国网络购物发展报告中，年龄为 18 ～ 40 岁的网民也构成了网络购物的主流群体，占总用户的 81.7%。在学历方面，本科及以上学历的占总样本的绝大多数，共 1 288 人，其中本科学历和研究生以上学历的人数比例分别为 61.8% 和 18.7%。在 2006 年网络购物调查报告中，大专以上学历的人群占总用户的 75% 以上，是网络购物的主力军。相对来说，这一群体受教育程度较高，思想活跃，容易接受新兴事物，接触网络较多，也是最容易接受网络购物的。因此，把这部分人群作为样本能够较好地反映我国网上消费者群体的特征。样本的人口统计特征分布情况如表 6-7 所示。

表 6-7　样本的人口统计特征

特征变量	类　型	人数 / 人	百分比 /%	累积百分比 /%
性别	男	907	56.7	—
	女	694	43.3	—
年龄	18 岁以下	16	1.0	1.0
	19 ～ 25 岁	1 245	77.8	78.8
	26 ～ 35 岁	299	18.7	97.5
	36 ～ 40 岁	26	1.6	99.1
	41 岁以上	15	0.9	100
学历	高中及以下	55	3.4	3.4
	大专	258	16.1	19.6
	本科	989	61.8	81.3
	硕士	241	15.1	96.4
	博士及以上	58	3.6	100
职业	学生	1 177	73.5	—
	IT 行业	81	5.1	—
	教育业	95	5.9	—
	公务员	23	1.4	—
	企业职员	174	10.9	—
	自由职业者	51	3.2	—
个人月消费水平	800 元以下	945	59.0	59.0
	801 ～ 1 500 元	459	28.7	87.7
	1 501 ～ 3 000 元	154	9.6	97.3
	3 001 元以上	43	2.7	100

2. 样本网络购买行为特征

本次调查的样本大部分都是互联网的长期用户，与互联网的密切程度比较高，其中互联网使用时间在 6 年以上的样本为 607 名，占 37.9%，使用年数在 2 年以下的网络新手仅占 9.6%；在每次上网时间方面，大多数为每次持续 3 小时以上，占总样本的 36.1%，而每次上网时长在 1 小时以内的仅占 6.9%；在个人使用网络频率方面，每天都上网的样本为 785 名，占 49.0%，对这些人群来说，上网已经成为他们生活的一部分。

将样本个人使用网络频率换算成每周累计上网小时数，与 CNNIC 的最新调查结果基本一致。调研样本总体的网络密切度分布如表 6-8 所示。

表6-8　样本的网络密切度统计特征

特征变量	类　型	人数 / 人	百分比 /%	累积百分比 /%
互联网使用经历	2 年以下	153	9.6	9.6
	2 ～ 4 年	332	20.7	30.3
	4 ～ 6 年	509	31.8	62.1
	6 年以上	607	37.9	100
上网频率	很少上	125	7.9	7.9
	每周 1 ～ 3 天	337	21.0	28.9
	每周 4 ～ 6 天	354	22.1	51.0
	每天都上	785	49.0	100
每次上网时长	1 小时以内	110	6.9	6.9
	1 ～ 2 小时	494	30.8	37.7
	2 ～ 3 小时	420	26.3	64.0
	3 小时以上	577	36.0	100

在每次网络购物消费金额方面，平均每次消费金额在 100 元以下和 100 ～ 200 元的消费者居多，分别占 41.74% 和 34.91%，消费金额在 500 元以上的比例仅为 3.23%。这些数据说明我国消费者在网上购买的金额比较小，大部分都集中在 200 元以内。这与 2008 年中国网络购物发展报告的调查情况是比较符合的。表 6-9 显示了调研样本的网络购物行为。

表6-9　调研样本的网络购物行为

特征变量	类　型	人数 / 人	百分比 /%	累积百分比 /%
过去一年购物次数	1 ～ 3 次	451	56.02	56.02
	4 ～ 8 次	196	24.35	80.37
	9 ～ 14 次	68	8.45	88.82
	15 次以上	90	11.18	100
平均每次购物金额	100 元以内	336	41.74	41.74
	100 ～ 200 元	281	34.91	76.65
	200 ～ 500 元	162	20.12	96.77
	500 元以上	26	3.23	100

接触互联网时间在 6 年以上的消费者中有网购经历的比例为 46.68%，接触互联网时间在 2 年以内的消费者中有网购经历的比例仅为 13.32%。CNNIC 的调查显示：网龄较长的用户上网经验较为丰富，网络购物用户最多的是网龄较长的用户，2003 年以前上网的网购用户占总体的 82.6%。本研究的调查与此一致。

表 6-10 反映了本研究样本在淘宝网中购买产品的品种分布。相对来说，服装、饰品、书刊资料、数码产品等的购买频率较高，这与我们访谈的结果相似，也与 CNNIC 的调查结果一致。

表6-10　样本在淘宝网中购买产品的品种分布

品　种	频　率	品　种	频　率	品　种	频　率
服装鞋帽	299	游戏点卡	180	家用电器	67
饰品	235	电脑设备	159	音像制品	51
书刊资料	205	手机产品	134	办公用品	41
票务服务	37	收藏品	11	其他	98

（二）信度和效度分析

1. 信度分析

信度是衡量结果一致性的程度。所谓一致性，是指同一调查项目调查结果的一致程度。较高的一致性意味着同一受访者接受关于同一项目的各种问卷调查所得到的各种测量结果之间显示出强烈的正相关。问卷信度越高，结果越可信。本研究采用克朗巴哈 α 系数来衡量问卷的信度。其值介于 0 ~ 1，α 愈大表示信度愈高。学者罗澳逊等认为 0.7 是该系数值可接受的下限，但在探索性研究中下限可降低到 0.6。显示问卷设计题目能有效探测满足寻求与满足获得。根据福内尔和拉克尔的研究，当克朗巴哈系数值大于 0.6 时，即在可接受的范围之内。使用 SPSS 11.5 对本研究问卷涉及的各变量进行信度分析得到的结果如表 6-11 所示。

表6-11　各研究变量信度分析结果

变量名	题　数	克朗巴哈系数	变量名	题　数	克朗巴哈系数
个体信任倾向	4	0.906 2	信誉评价有效性	4	0.826 0
网络环境信任	4	0.871 7	实名认证有效性	3	0.731 2
网站信任	4	0.880 2	第三方支付有效性	3	0.893 0
卖家信任	3	0.945 3	互动沟通有效性	3	0.877 0
卖家信誉	3	0.850 7	感知风险	3	0.846 9

变量名	题　数	克朗巴哈系数	变量名	题　数	克朗巴哈系数
卖家规模	3	0.840 0	购买意图	4	0.900 7

由表 6-11 可知，本研究各变量的克朗巴哈系数值大多数在 0.8 以上，只有一个变量在 0.8 以下，但是也达到了 0.7 以上，表明本研究问卷具有较好的可信度。

2. 效度分析

效度通常指测量结果的正确程度，即测量结果与试图测量目标之间的接近程度。就调查问卷而言，效度是指问卷能够在多大程度上反映它所测量的理论概念。根据问卷调查的研究目的，调查问卷的效度可以分为以下三类：内容效度、效标关联效度、结构效度。内容效度是衡量调查问卷内容的适当性，并根据对研究概念的了解鉴别出测量内容是否反映这一概念的基本内容。效标关联效度是指问卷测量结果和有效标准之间的一致程度。结构效度是指问卷所衡量理论上期望的特征程度，即问卷所要测量的概念能否显示出科学的意义并符合理论上的设想。一个调查问卷要有较高的结构效度，应保证相同概念的问卷题项测量结果之间的高度相关，同时应保证测量两个不同概念时其测量结果之间的相关程度较低。前者称为聚敛效度，后者称为区分效度。

（1）内容效度

问卷的设计主要参考了相关文献中的问卷量表。有些变量的量表经过多年发展已经变得相当成熟，如个人信任倾向量表、购买意愿量表等。对于这部分量表，本研究基本是直接引用的。本研究的量表是在参考前人研究量表的基础上设计而成的，通过了严格的前测，因而具有一定的内容效度。

（2）结构效度

采用探索性因子分析方法来验证结构效度。在进行因子分析前，先进行 Bartlett 球形检验及 KMO 样本测度，以检验各题项之间的相关性。只有当相关性较高时，才适合做因子分析。当 KMO 统计量达到 0.9 以上时，非常适合做因子分析；在 0.8～0.9，很适合做因子分析；在 0.7～0.8，适合做因子分析；在 0.6～0.7，不太适合做因子分析；当 KMO 统计量小于 0.5 时，不适合做因子分析。Bartlett 球形检验从整个相关系数矩阵来考虑问题，其原假设为相关系数矩阵为单位矩阵，当 Bartlett 统计量的显著性概率小于等于 α 时，拒绝零假设，可以做因子分析。使用 SPSS 11.5 对各变量进行探索性因子分析，得到结果如表 6-12 所示。

表6-12 各研究变量探索性因子分析

变量名称	KMO统计量	Bartlett 球形检验值	Sig.	变量名称	KMO统计量	Bartlett 球形检验值	Sig.
个体信任倾向	0.837	4 335.513	0.000	信誉评价有效性	0.691	2 847.217	0.000
网络环境信任	0.825	3 122.850	0.000	实名认证有效性	0.741	1 167.886	0.000
网站信任	0.795	3 551.237	0.000	第三方支付有效性	0.739	2 892.355	0.000
卖家信任	0.768	4 568.250	0.000	互动沟通有效性	0.731	2 575.483	0.000
卖家信誉	0.706	2 199.086	0.000	感知风险	0.716	2 087.142	0.000
卖家规模	0.714	1 978.851	0.000	购买意图	0.821	4 049.440	0.000

从表6-12可以看出，大多数KMO统计量都大于0.7，适合做因子分析。采用主成分分析法作为提炼因子的方法，萃取出特征值大于1的因素，并用方差最大法对因子进行正交旋转。

采用验证性因子分析方法对模型进行效度检测。利用协方差结构模型的统计分析对测量模型进行验证性因子分析，得到各测量题项的因子载荷系数（表6-13）。

表6-13 提高信誉反馈有效性对策

变量名称	题 项	均 值	标准差	荷 载	变量名称	题 项	均 值	标准差	荷 载
个体信任倾向 $POVEI=0.712\,5$	TP1	4.114 9	1.439 8	0.83	网络环境信任 $POVEI=0.632\,5$	ET1	3.893 8	1.358 7	0.80
	TP2	4.208 6	1.463 4	0.90		ET2	4.389 8	1.395 7	0.82
	TP3	4.039 4	1.418 7	0.89		ET3	4.075 6	1.321 8	0.80
	TP4	4.751 4	1.482 6	0.74		ET4	4.536 3	1.316 9	0.76
卖家信任 $POVEI=0.853\,3$	ST1	4.728 9	1.264 0	0.88	第三方支付有效性 $POVEI=0.740\,0$	PA1	5.123 8	1.311 8	0.81
	ST2	4.713 9	1.238 1	0.91		PA2	5.174 9	1.277 4	0.88
	ST3	4.676 5	1.227 4	0.89		PA3	5.270 6	1.234 2	0.89

变量名称	题项	均值	标准差	荷载	变量名称	题项	均值	标准差	荷载
互动沟通 有效性 $POVEI=$ 0.706 7	IN1	4.391 0	1.224 9	0.79	实名认证 有效性 $POVEI=$ 0.510 0	IC1	4.597 1	1.263 2	0.78
	IN2	4.288 6	1.187 4	0.87		IC2	4.586 5	1.274 8	0.75
	IN3	4.169 5	1.513 5	0.86		IC3	5.687 1	1.315 8	0.60
信誉评价 有效性 $POVEI=$ 0.537 5	RA1	4.177 4	1.307 6	0.63	网站信任 $POVEI=$ 0.650 0	WT1	4.803 9	1.283 6	0.86
	RA2	4.301 7	1.299 8	0.67		WT2	4.985 6	1.281 8	0.84
	RA3	4.911 3	1.278 5	0.81		WT3	4.241 7	1.370 5	0.75
	RA4	4.942 5	1.256 9	0.82		WT4	4.471 6	1.282 8	0.77
卖家信誉 $POVEI=$ 0.663 3	SC1	5.005 0	1.291 8	0.80	卖家规模 $POVEI=$ 0.633 3	SS1	4.784 5	1.206 4	0.75
	SC2	5.178 0	1.184 3	0.89		SS2	4.795 1	1.216 8	0.86
	SC3	4.916 3	1.209 5	0.75		SS3	4.850 7	1.137 2	0.77
感知风险 $POVEI=$ 0.650 0	PR1	3.958 7	1.280 4	0.80	网络购买 意愿 $POVEI=$ 0.6825	I1	4.938 8	1.364 7	0.72
	PR2	3.741 2	1.247 6	0.79		I2	4.839 5	1.348 1	0.79
	PR3	4.496 2	1.253 9	0.70		I3	4.875 1	1.369 1	0.75
						I4	4.988 8	1.382 4	0.78

从表6-13可以看出，每个变量的各载荷系数均大于0.5，并且在$p<0.01$的条件下具有统计显著性。各变量的$POVEI$值均大于0.5，表明问卷具有良好的收敛效度。同时，各潜变量的$POVEI$值均大于变量之间的相关系数r的平方，说明各测量题项具有较好的判别效度。

因此，本调研问卷具有较好的信度和效度。

（三）背景变量的影响分析

本节的数据基本分析主要是运用单因素方差分析（ANOVA）或多元方差分析（MANOVA）来揭示背景变量对研究变量的影响，了解拥有不同个体差异的消费者在信任、感知风险、购买意愿等方面是否存在显著差异。

1. 背景变量的确定

根据研究目的，本节选择人口统计变量（性别、年龄、消费水平、学历）、互联网使用经历、网络购物经历等为背景变量，根据方差分析的样本规模要求对各背景变量的分类标准化进行界定。下面介绍各背景变量的分类情况。

年龄：CNNIC 的调查结果显示，中国网民的主体仍旧是 25 岁以下的年轻群体，占网民总数的 49.9%。因此，本研究将年龄划分为低年龄阶段和高年龄阶段两类，25 岁以下的为低年龄阶段，25 岁以上的为高年龄阶段。

消费水平：目前，国内互联网的使用群体主要是非生产者，他们没有固定收入。本研究以 800 元为临界点，把研究样本划分为高消费水平和低消费水平两部分。

学历：CNNIC 的调查显示，网购用户的学历水平远高于网民平均学历水平，网购用户中大专及以上用户比例高达 85%。本研究将学历划分为高学力人群和低学历人群，大专及以下的人群为低学历人群，本科及以上的人群为高学历人群。

互联网使用时间：CNNIC 的调查显示，网络购物用户多是网龄较长的用户，2003 年以前上网的网络用户占总体的 82.6%。本研究把 6 年作为临界点，将研究样本划分为两部分。

网络购物经历：由于调查对象都有通过互联网进行商品信息搜寻和比较的经历，但并不是所有的抽样对象都有实际的网络购物行为。因此，本研究将网络购物经历分为有购物经历和无购物经历两种情况。

2. 背景变量对交易信任的影响

本研究将互联网使用时间等六个背景变量作为自变量，将交易信任的三个方面作为因变量，运用多元方差分析来确定背景变量对交易信任的影响。在进行多元方差分析之前，首先对因变量之间的相关性进行检验。检验采用 KMO 统计量和 Bartlett 球形检验，其分析结果为 KMO 统计量为 0.921，Bartlett 球形检验的卡方值为 13 665.08，df=55，Sig.=0.000。这表明交易信任的三个方面之间具有相关性，可以采用多元方差分析法分析背景变量对其的影响。

（1）性别对信任的影响

在目前国内经济环境下，信任普遍缺失，性别之间的差异并不显著。信任显著性检验如表 6-14 所示。

表 6-14　性别对信任的影响

信　任	男性消费者 n=907	女性消费者 n=694	f值	Sig.
	均值			
网络环境信任	4.185 8	4.277 5	2.513	0.113
网站信任	4.588 7	4.654 1	1.437	0.231
卖家信任	4.686 9	4.721 1	0.431	0.511

　　单纯地就评分均值而言，女性消费者的得分高于男性消费者，这也验证了前人的研究结论，女性较男性更容易相信他人。

　　（2）年龄对信任的影响

　　年龄对信任的影响如表 6-15 所示。

表 6-15　年龄对信任的影响

信　任	低年龄段 n=1 261	高年龄段 n=340	f值	Sig.
	均值			
网络环境信任	4.208 2	4.288 2	1.310	0.253
网站信任	4.594 9	4.634 0	0.328	0.567
卖家信任	4.693 6	4.753 9	0.699	0.403

　　一般来说，随着年龄的增长，个体对世界的看法逐渐趋于成熟和稳定。可能由于两组样本的数量差别过大，研究并没有证明信任在不同年龄层次上的显著差异。单纯地从均值来看，高年龄段的样本的交易信任普遍高于低年龄段的样本。

　　（3）消费水平对信任的影响

　　消费水平对信任的影响如表 6-16 所示。

表 6-16　消费水平对信任的影响

信　任	低消费水平 n=945	高消费水平 n=656	f值	Sig.
	均值			
网络环境信任	4.220 2	4.258 4	0.934	0.334
网站信任	4.615 3	4.640 6	0.197	0.657
卖家信任	4.700 2	4.715 4	0.065	0.799

　　表 6-16 的数据显示，消费水平对三个方面的信任均没有显著影响。不同消费水平的消费者普遍都对网络环境缺乏信任。国内消费者大部分仍处于计算式信

任阶段，消费者在选择购物方式和做出购物决策时，都出于自身利益的考虑，对网络购物这种新型购物渠道还处于观望阶段。

（4）学历对信任的影响

学历对信任的影响如表6-17所示。

表6-17　学历对信任的影响

信　任	高学历 n=1 272	低学历 n=329	f值	Sig.
	均值			
网络环境信任	4.225 3	4.224 9	0.018	0.872
网站信任	4.597 3	4.633 1	1.423	0.235
卖家信任	4.704 4	4.714 3	0.567	0.605

表6-17的数据显示，学历对信任没有显著影响。单纯地从均值来看，高学历层次的消费者对网络环境的信任均值略高于低学历层次的消费者，而在网站信任和卖家信任方面，低学历层次的消费者略高于高学历层次的人群。这可能是由于学历越高的人群对互联网技术和安全性等越了解，越相信网络环境的可靠性。而具体的微观信任方面，反而低学历层次的人群有更高的信任度。

（5）互联网使用时间对信任的影响

互联网使用时间对信任的影响如表6-18所示。

表6-18　互联网使用时间对信任的影响

信　任	短使用时间 n=994	长使用时间 n=607	f值	Sig.
	均值			
网络环境信任	4.142 2	4.361 2	13.932	0.000***
网站信任	4.543 5	4.760 3	14.250	0.000***
卖家信任	4.656 6	4.788 0	4.682	0.031**

注：* 表示 p<0.1；** 表示 p<0.05；*** 表示 p<0.01。

研究发现，有着越丰富网络使用经验、平时利用网络做各种事情越多的消费者认知风险较低，对网络交易越信任。消费者上网经验越多，越具有搜寻的熟练性，越能迅速地找到信息，搜寻所需信息越熟练，对网络越信任。互联网使用时间较长的消费者对网络较熟悉，更了解网络购物的优势，了解网络购物的运作流程，因而更信任网络交易。不同互联网使用时间的消费者对网络环境的信任和网站信任在 0.01 的显著性水平下存在差异。在卖家信任方面，无论互联网使用时间长的群体，还是互联网使用时间较短的群体，对 C2C 电子商务中单个卖家的信任都是建立在卖家的历史交易信息方面，获得的都是间接信息，两者仅在 0.05 的显著性水平下存在差异。

（6）网络购物经历对信任的影响

网络购物经历对信任有显著影响。表 6-19 的实证结果也验证了此结论。消费者拥有购物经历后，会对网络环境、购物网站等保持制度式信任，也会更加熟悉 C2C 电子商务的整个交易过程，在后续的购买活动中形成一定的路径依赖。因此，网络购物经历对消费者建立网络交易信任的作用是明显的。

表 6-19 网络购物经历对信任的影响

信　任	无网络购物经历 n=796	有网络购物经历 n=805	f 值	Sig.
	均值			
网络环境信任	3.958 0	4.490 4	91.069	0.000***
网站信任	4.372 6	4.875 8	82.754	0.000***
卖家信任	4.472 4	4.935 4	60.356	0.031**

注：* 表示 $p<0.1$；** 表示 $p<0.05$；*** 表示 $p<0.01$。

3. 背景变量对网站制度有效性感知的影响

本节将互联网使用时间等六个背景变量作为自变量，将网站的四种制度作为因变量，运用多元方差分析确定背景变量对网站制度有效性的影响。在进行多元方差分析之前，首先对因变量之间的相关性进行检验。检验采用 KMO 统计量和 Bartlett 球形检验，其分析结果为 KMO 统计量为 0.901，Bartlett 球形检验的卡方值为 12 632.66，df=78，$Sig.$=0.000。这表明网站的四种制度之间具有相关性，可以采用多元方差分析背景变量对其影响。

（1）性别对网站制度有效性的影响

性别对制度有效性的显著性检验如表 6-20 所示。表 6-20 显示，性别对信誉评价有效性、第三方支付有效性、实名认证有效性以及互动沟通有效性这四种网站制度都没有显著影响。

表6-20　性别对网站制度有效性的影响

网站制度有效性	男性消费者 n=907	女性消费者 n=694	f 值	Sig.
	均值			
信誉评价有效性	4.579 1	4.593 3	0.107	0.743
第三方支付有效性	5.126 5	5.273 0	1.155	0.113
实名认证有效性	4.955 0	4.959 5	0.007	0.932
互动沟通有效性	4.268 8	4.301 5	0.352	0.553

单纯地从评分均值来看，女性消费者的得分高于男性消费者，这说明女性比男性认为网站制度更有效，更能有效地抵制一些欺诈行为，提高消费者对网站的信任度。

（2）年龄对网站制度有效性的影响

一般来说，随着年龄的增长，个体对世界的看法逐渐趋于成熟和稳定。可能由于两组样本的数量差别过大，研究并没有证明网站各种制度的有效性在不同年龄层次上有显著差异（表6-21）。单纯地从均值来看，高年龄段群体在信誉评价有效性、第三方支付有效性及实名认证有效性感知上略高于低年龄段群体，而在互动沟通有效性感知上恰恰相反。这可能由于年龄小的群体更偏好在网站上通过即时聊天工具与卖家沟通，在网站社区中发表评论。

表6-21　年龄对网站制度有效性的影响

网站制度有效性	低年龄段 n=1 261	高年龄段 n=340	f 值	Sig.
	均值			
信誉评价有效性	4.578 8	4.601 3	0.125	0.724
第三方支付有效性	5.167 3	5.274 2	2.219	0.137
实名认证有效性	4.948 0	4.990 1	0.438	0.508
互动沟通有效性	4.289 8	4.257 4	0.236	0.627

（3）消费水平对网站制度有效性的影响

表6-22 的数据显示，消费水平对四种制度有效性感知均没有显著影响。消费水平的高低只能代表消费者的消费观念，与网站制度有效性的关系不明显，这是很容易理解的。

表6-22　消费水平对网站制度有效性的影响

网站制度有效性	低消费水平 n=945	高消费水平 n=656	f值	Sig.
	均值			
信誉评价有效性	4.602 6	4.556 2	0.761	0.383
第三方支付有效性	5.178 9	5.205 9	0.205	0.650
实名认证有效性	4.957 8	4.955 7	0.002	0.967
互动沟通有效性	4.301 5	4.256 4	0.660	0.417

（4）学历对网站制度有效性的影响

表6-23的数据显示，学历对信誉评价有效性和互动沟通有效性感知有显著影响，对第三方支付和实名认证有效性感知的影响没有显著差异。

表6-23　学历对网站制度有效性的影响

网站制度有效性	高学历 n=1 272	低学历 n=329	f值	Sig.
	均值			
信誉评价有效性	4.560 8	4.671 0	2.914	0.088*
第三方支付有效性	5.178 8	5.233 0	0.560	0.454
实名认证有效性	4.946 3	4.959 7	0.044	0.835
互动沟通有效性	4.235 9	4.464 0	11.509	0.001***

注：* 表示 $p<0.1$；** 表示 $p<0.05$；*** 表示 $p<0.01$。

目前，淘宝网所使用的信誉评价模型是简单累加模型，学历越高的人群对信誉评价可能理解越深入，对其有效性感知可能越弱。学历越低的人群越喜欢在网站社区内发表评论，结交很多网友，和卖家互动沟通，其感知的互动沟通就越有效。对于第三方支付和实名认证，大部分网友都认为其是比较有效的，在学历上的差异并不显著。

（5）互联网使用时间对网站制度有效性的影响

拥有较长互联网使用时间的消费者能够清晰地了解网络购物的运作流程，了解购物网站的各种制度，因而对各种制度有效性的感知可能越强。表6-24的数据显示，除互动沟通有效性感知外，不同互联网使用时间的群体在其他三类网站制度有效性感知上存在显著差异。互联网使用时间较长的群体可能也是较早浏览购物网站的群体，对购物网站的一些制度耳濡目染，认为其更有效。而在互动沟通方面，网龄较长的网民并不一定喜欢和网络卖家、网友互动沟通，不喜欢在网络社区中发表评论，有时候发表的意见可能网站不能及时回复，也减弱了其有效性认知。

表6-24　互联网使用时间对网站制度有效性的影响

网站制度有效性	短时间使用 n=994	长时间使用 n=607	f值	Sig.
	均值			
信誉评价有效性	4.542 1	4.651 5	4.130	0.042**
第三方支付有效性	5.094 5	5.346 6	17.569	0.000***
实名认证有效性	4.870 8	5.098 2	18.211	0.000***
互动沟通有效性	4.269 4	4.305 2	0.404	0.525

注：* 表示 $p<0.1$；** 表示 $p<0.05$；*** 表示 $p<0.01$。

（6）网络购物经历对网站制度有效性的影响

消费者拥有购物经历后，会对购物网站的各种制度有更深入的了解，也会更熟悉 C2C 电子商务的整个交易过程。因此，网络购物的经历对消费者网站各种制度有效性感知的作用是明显的。表6-25 显示了有网络购物经验的消费者与无网络购物经验的潜在消费群体在网站各种制度的有效性认知上存在显著差异。

表6-25　网络购物经历对网站制度有效性的影响

网站制度有效性	无网络购物经历 n=796	有网络购物经历 n=805	f值	Sig.
	均值			
信誉评价有效性	4.435 1	4.730 4	32.568	0.000***
第三方支付有效性	4.907 5	5.469 2	97.299	0.000***
实名认证有效性	4.747 4	5.164 2	66.976	0.000***
互动沟通有效性	4.207 2	4.357 9	7.643	0.006***

注：* 表示 $p<0.1$；** 表示 $p<0.05$；*** 表示 $p<0.01$。

4. 背景变量对感知风险的影响

本节采用单因素方差分析方法来分析背景变量对感知风险的影响，分析结果如表 6-26 所示。

表 6-26 各背景变量对感知风险的影响

背景变量	变量类型	类别人数	感知风险均值	f 值	Sig.
性别	男性	$n=907$	4.077 3	0.241	0.624
	女性	$n=694$	4.050 0		
年龄	低年龄阶段	$n=1\ 261$	4.085 2	1.905	0.168
	高年龄阶段	$n=340$	3.992 2		
消费水平	低消费水平	$n=945$	4.087 9	0.959	0.328
	高消费水平	$n=656$	4.033 0		
学历	低学历	$n=329$	3.962 5	3.610	0.058*
	高学历	$n=1\ 272$	4.092 1		
互联网使用时间	短网龄	$n=994$	4.124 5	7.550	0.006***
	长网龄	$n=607$	3.968 7		
网络购物经历	无网购经历	$n=796$	4.179 6	17.160	0.000***
	有网购经历	$n=805$	3.952 3		
产品类别	书刊	$n=575$	3.690 4	57.527	0.000***
	服装鞋帽	$n=503$	4.207 8		
	手机	$n=523$	4.341 0		

注：* 表示 $p<0.1$；** 表示 $p<0.05$；*** 表示 $p<0.01$。

表 6-26 中的数据显示，不同互联网使用时间以及有无网络购物经历的消费者在网络购物感知风险上存在显著差异，消费者对不同类别产品的感知风险存在显著差异，而不同人口统计变量的消费者在网络购物感知风险上的差异不显著。网络购物还是一个新兴的购物模式，带有很大的系统性风险，消费者都很谨慎。

皮雷塞尔研究发现互联网使用时间对感知风险有重要影响。互联网使用时间增加了消费者对网络购物的熟悉度，而熟悉是信任的重要前因，它能够通过信任这个中介变量，间接降低感知风险。本研究也证明了这一结论。

在网络购物经历方面，有购物经验的消费者在经历了整个网络购物的流程后，会对可能出现的风险有一个较清晰的预见，有效地降低了感知风险。本部分没有把感知风险划分为多维度进行分析，降低了分析的精确性。人口统计变量在风险的某个维度上可能是存在差异的，但对整体的风险差异并不明显。不同性别、年龄层次、消费水平的人群在网络购物这一新生事物面前感知风险的差异并不显著；不同学历的消费者网络购物感知风险在 0.1 的显著性水平上存在差异。

在产品类别方面，书刊的感知风险最低，手机的感知风险最高，三类产品感知风险之间存在显著差异。有些商品消费者在购买前能够确定产品质量特性，如书、各种标准器件等，因而感知风险较少。而有些商品的质量在购买前是不确定的，消费者缺少相关信息，感知风险增加，如服装、手机等。

5. 背景变量对网络购买意愿的影响

采用 SPSS11.5 中的单因素方差分析方法来分析背景变量对网络购买意愿的影响，具体的分析结果如表 6-27 所示。

表 6-27　各背景变量对网络购买意愿的影响

背景变量	变量类型	类别人数	网络购买意愿均值	f 值	Sig.
性别	男性	$n=907$	4.847 0	5.885	0.015**
	女性	$n=694$	4.993 5		
年龄	低年龄阶段	$n=1\,261$	4.914 0	0.049	0.826
	高年龄阶段	$n=340$	4.897 8		
消费水平	低消费水平	$n=945$	4.871 4	2.454	0.117
	高消费水平	$n=656$	4.966 8		
学历	低学历	$n=329$	4.946 0	0.363	0.547
	高学历	$n=1\,272$	4.901 3		
互联网使用时间	短网龄	$n=994$	4.796 5	24.034	0.000***
	长网龄	$n=607$	5.097 2		
网络购物经历	无网购经历	$n=796$	4.541 1	165.674	0.000***
	有网购经历	$n=805$	5.275 8		
产品类别	书刊	$n=575$	4.986 5	3.798	0.028***
	服装鞋帽	$n=503$	4.893 7		
	手机	$n=523$	4.860 3		

注：* 表示 $p<0.1$；** 表示 $p<0.05$；*** 表示 $p<0.01$。

表 6-27 显示，男性和女性在网络购买意愿上存在显著差异（$f=5.885$，$p=0.015$），女性更愿意在网络上购买商品。这与已有学者研究并不一致，已有研究显示男性比女性更愿意在网络上购物。这可能是因为研究对象不一致，因为本研究是针对 C2C 电子商务。C2C 电子商务中销售的物品种类更多，销售同类产品的卖家也更多，女性消费者一般比较喜欢货比三家，享受在网上淘到自己喜欢又便宜的物品带来的喜悦感。研究结果与 CNNIC 的最新调查比较一致。CNNIC

的最新调查显示，淘宝网的用户中的女性比例为 51.2%。在 C2C 电子商务网站中，销售的产品种类繁多，销售同类产品的卖家也非常多，女性更喜欢在网上购买其所喜欢的商品。

年龄、消费水平、学历不同的人群在网络购买意愿上无显著差异。这与比尔等的研究一致。随着网络技术的发展和互联网的普及，人口统计变量在网络购买意愿等方面的差异已不明显。

表 6-27 的数据显示，互联网使用时间对网络购买意愿有显著影响，即随着消费者网龄的增加，对互联网的熟悉及偏好有助于形成比较积极的购买意愿。这与 CNNIC 的调查结果是一致的。互联网的使用经历促使消费者对网络购物产生了好感，消费者接触网络时间越长，对网络的世界越不陌生，感知风险越低，对网络购物越有积极的意愿。这说明具有较长上网时间的个体更可能发生实际的购物行为，促使他们进行网络购物的营销努力相对较小，购物网站应尽量将第一批网民变成实际的网络购物者。

消费者网络购物经历对网络购买意愿有显著影响，有网络购物经历的消费者网络购买意愿（均值为 5.275 8）明显高于无经验的潜在消费群体（均值为 4.541 1）。这与吉姆针对美国消费者的研究结论一致。有网络购物经历的消费者的再次购买意愿比较高，发生重复购买行为的可能性较高。因此，购物网站应做好营销策略，尽量留住老顾客。

消费者在不同产品的网络购买意愿上存在显著差异。对于不同的产品，消费者所能了解的产品属性、质量等存在一定的差异。对于书刊等搜索品，消费者在接触到商品之前就可以很方便地了解到其质量，感知风险较低，购买意愿较强。而手机等商品价格相对较高，消费者也不容易了解到其质量特性，感知风险较大，因而购买意愿比较小。这也说明在目前国内信任危机的情况下，书刊等搜索品更适合在网络上销售，消费者更愿意在网上购买低价格的商品。

六、研究假设的检验与分析

本节在前面问卷调查、问卷信度与效度分析的基础上，对 C2C 电子商务网站中各种制度与网站信任的关系进行分析，对信任传递路径进行验证。

（一）信任转移的验证

根据相关文献综述与理论分析，本书对个体信任倾向与在线交易信任之间关系的基本假设是消费者的个体信任倾向会正向影响其对在线交易的信任。消费者的在线交易信任包含"对在线购物环境的信任""对交易平台的信任"和"对交易平台中卖家的信任"三方面。因此，提出的分假设是消费者个体信任倾向会对在线交易信任的三方面产生积极的影响，且对在线购物环境的信任会对交易平台信任、平台中卖家信任产生积极的影响。以上假设可以用下面的概念模型表示，如图6-3所示。

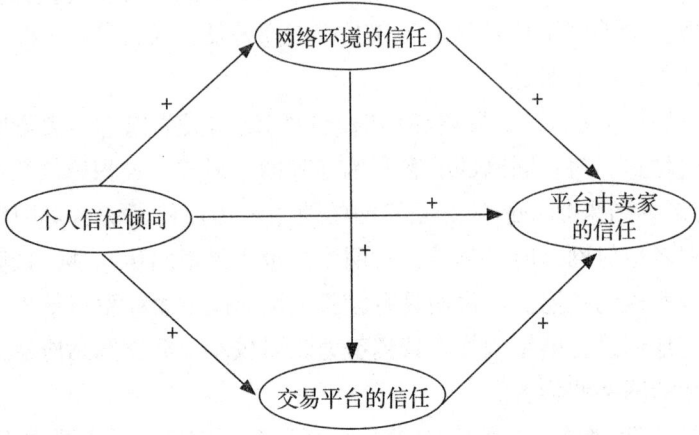

图6-3 个体信任倾向与在线交易信任结构关系的假设模型

从1 601个样本中随机抽取300个样本（把1 601个样本进行编号，用MATLAB中的unidrnd语句产生服从$U[1, 1 601]$的300个离散值），采用LIREL8.7进行分析，得到的实证模型如图6-4所示。

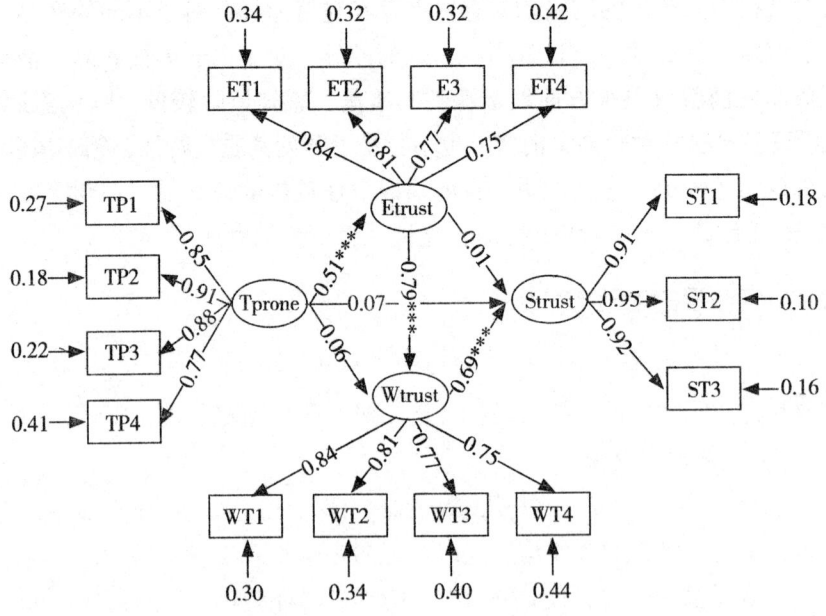

图6-4 个体信任倾向与在线交易信任结构关系的实证模型

图 6-4 中，Tprone 代表"个体信任倾向"潜变量，TP1、TP2、TP3、TP4 分别表示对该潜变量的 4 个测量题项；Etrust 代表"对网络环境的信任"潜变量，ET1、ET2、ET3、ET4 分别表示对该潜变量的 4 个测量题项；Wtrust 代表"对网络交易平台的信任"潜变量，WT1、WT2、WT3、WT4 分别表示对该潜变量的 4 个测量题项；Strust 代表"对平台中卖家的信任"潜变量，ST1、ST2、ST3 分别表示对该潜变量的 3 个测量题项。

在预设模型下，网络环境的信任对平台中卖家的信任的路径系数为 0.01，且对应的 t 值最小，仅为 0.14。根据拟合规则，删除网络环境信任对平台中卖家信任的路径，构建竞争模型 1 进行再次拟合，拟合指标如表 6-28 所示。第二次拟合后，SRMR 略微变差，其他拟合指标变得更好，而个体信任倾向对交易平台的信任的路径系数仅为 0.06，对应的 t 值为 1.07，个体信任倾向对平台中卖家的信任的路径系数为 0.07，对应的 t 值为 1.32。删除这两条路径后构建竞争模型 2 进行第三次拟合，拟合后所有路径系数的 t 检验值均显著，各拟合指数显示模型拟合良好。因此，选择竞争模型 2 作为最终的结构方程模型，如图 6-5 所示。

表 6-28　个体信任倾向与在线交易信任结构关系的模型拟合指数

指　标	绝对拟合度				简约拟合度		增值拟合度		
	χ^2/df	GFI	SRMR	RMSEA	PNFI	PGFI	NFI	NNFI	CFI
评价标准	< 3	> 0.9	< 0.08	< 0.06	> 0.5	> 0.5	> 0.9	> 0.9	> 0.9
本模型	2.82	0.90	0.065	0.043	0.78	0.63	0.97	0.97	0.98
竞争模型 1	2.78	0.90	0.068	0.041	0.78	0.64	0.97	0.98	0.98
竞争模型 2	2.76	0.90	0.068	0.041	0.80	0.65	0.97	0.98	0.98

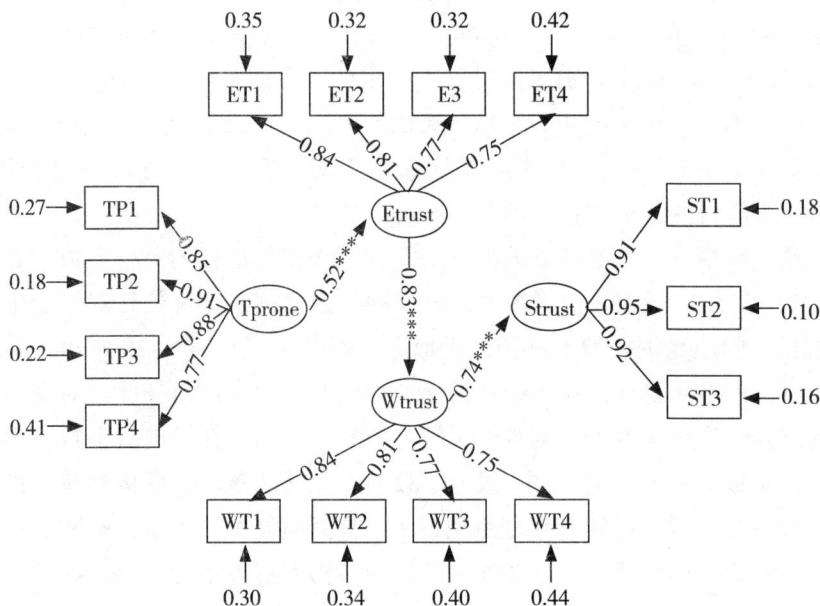

图6-5 个体信任倾向与在线交易信任结构关系的最终模型

从表6-28中可以看出，模型的整体拟合度较好。"个体信任倾向"在0.01的显著性水平下对"网络环境的信任"表现出积极的影响，而对"网络交易平台的信任"和"平台中卖家的信任"的影响并没有表现出统计上的显著性。

得到验证的实证模型表明，具有较明确个体信任倾向的消费者倾向建立较强的网络交易环境信任，而对网站平台信任和平台中卖家信任的影响不显著。这可能是因为个体信任倾向是消费者的个人特质，是一种总体上的信任态度和立场，基本不受网站的影响。对于网络购物这样一个新兴的商业模式和网络环境的信任会受到信任倾向的影响，对具体的网站和具体的卖家的信任则属于微观层面，信任倾向对其没有直接影响。

（二）网站制度有效性与网站平台信任的关系验证

根据相关文献综述与理论分析，假设网站平台采用的各种制度对网站平台的信任有正向影响。以上假设可以用图6-6的概念模型表示。

图 6-6　基于制度的网站平台信任概念模型

本节主要采用 SPSS 11.5 进行回归分析，对模型提出的相关假设进行检验。在进行多元线性回归分析之前，必须先检验数据是否符合线性回归分析的前提假设。回归分析的前提假设和检验方法分别是线性关系（观察残差的散点图）、残差的独立性（Durbin-Watson 统计值 ≈ 2）正态分布（观察残差的直方图和累计概率图以及无多重共线性"容忍度"和"方差膨胀因子 VIF"）。

以网站平台的信任（WT）为因变量，以个人信任倾向（TP）、信誉反馈有效性（RA）、实名认证有效性（IC）、第三方支付有效性（PA）、互动沟通有效性（IN）为自变量，采用逐步筛选方法进行线性回归验证。回归的结果如表 6-29 所示。

表 6-29　网站信任影响因素的回归系数与显著性检验表

	未标准化回归系数		标准化回归系数	t 值	Sig.	共线性诊断	
	B	标准误差	β			Tolerance	VIF
常数项	0.648	0.113		5.711	0.010*		
第三方支付有效性	0.292	0.025	0.305	11.644	0.000***	0.806	1.231
信誉反馈有效性	0.249	0.029	0.232	8.662	0.000***	0.885	1.134
实名认证有效性	0.144	0.031	0.133	4.663	0.000***	0.776	1.380
互动沟通有效性	0.132	0.023	0.138	4.126	0.000***	0.893	1.117
R^2	0.451						
f 值（p 值）	861.093（0.000***）						
Durbin-Watson	1.838						

注：* 表示 $p < 0.1$；** 表示 $p < 0.05$；*** 表示 $p < 0.01$。

多元线性回归分析的前提假设验证如下：①线性关系，从图 6-7 可以看出，残差随机分布在一条穿过零点的水平直线两侧，这说明各影响因素与网站信任的关系符合线性关系的前提条件。②误差项的独立性。表 6-29 显示，Durbin-Watson 值为 1.838，比较接近 2，这表明误差项无自相关的问题。③正态分布。从图 6-8 和 6-9 可以看出，残差基本符合正态分布。④无多重共线性。表 6-29 显示，进入回归方程自变量的容许度比较接近 1（都大于 0.77），VIF 都比较小（都小于 1.38），这表明自变量之间无多重共线性的问题。

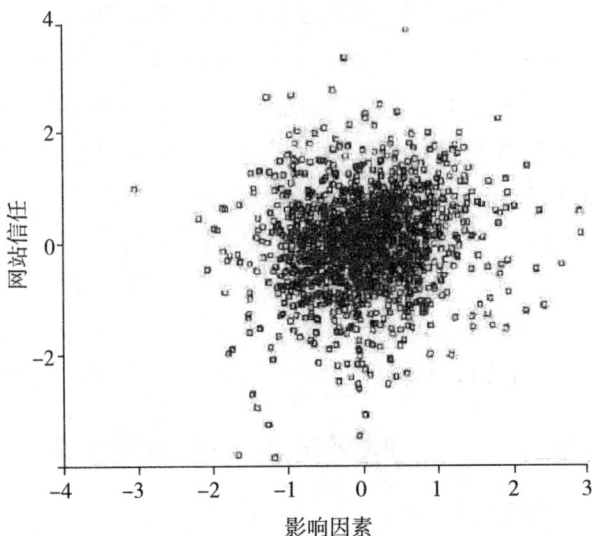

图 6-7　网站信任的残差散点图

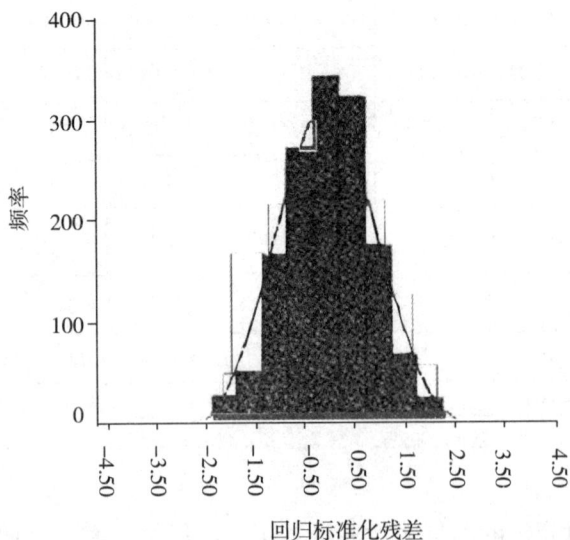

图 6-8　网站信任残差直方图

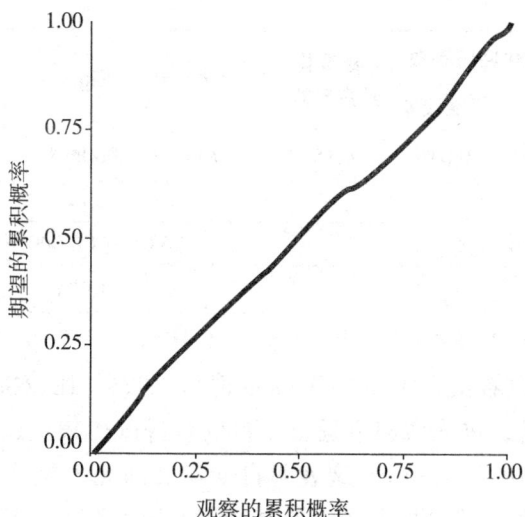

图6-9　网站信任标准化残差的概率累计图

从模型总体参数表（表6-29）可以看出，回归方程能解释总变异的45.1%，回归的 f=861.093（0.00***），达到了非常显著的水平。

同时，在回归系数及显著性检验表中可知，第三方支付有效性是最先进入模型的，说明第三方支付有效性的偏回归变差最大，其次是信誉反馈有效性。从回归分析中即可得到标准化回归方程。

由表6-29可知，整体回归模型达到了 a=0.01 的显著性水平。标准化回归系数表明，第三方支付有效性、信誉反馈有效性、实名认证有效性、互动沟通有效性对网站信任都有正面的影响，消费者感知到的网站各种制度越有效，他们就会对网站越信任。

（三）卖家特征与平台中卖家信任的关系验证

本部分以卖家特征为自变量，以卖家信任为因变量，采用逐步回归分析方法分析卖家特征与消费者对卖家的信任之间的关系。回归结果如表6-30所示。

表6-30　卖家信任影响因素的回归系数与显著性检验表

	未标准化回归系数		标准化回归系数 β	t 值	Sig.	共线性诊断	
	B	标准误差				Tolerance	VIF
常数项	2.462	0.142		17.660	0.000***		
卖家信誉	0.281	0.034	0.257	8.190	0.000***	0.778	1.288

续 表

	未标准化回归系数		标准化回归系数 β	t 值	Sig.	共线性诊断	
	B	标准误差				Tolerance	VIF
卖家规模	0.172	0.036	0.151	4.811	0.000***	0.803	1.243
R^2			0.141				
f 值（p 值）			263.150（0.000***）				
Durbin-Watson			1.924				

注：* 表示 $p < 0.1$；** 表示 $p < 0.05$；*** 表示 $p < 0.01$。

由表 6-30 可以看出，Durbin-Watson 值为 1.924，比较接近 2，这表明误差项无自相关的问题；进入回归方程自变量的容许度比较接近 1（都大于 0.77），VIF 都比较小（都小于 1.30），这表明自变量之间无多重共线性的问题。由图 6-10 可以看出，残差随机分布在一条穿过零点的水平直线两侧，这说明各影响因素与卖家信任的关系符合线性关系的前提条件。由图 6-11 和图 6-12 可以看出，残差基本符合正态分布，因而其符合多元线性回归的前提假设条件。

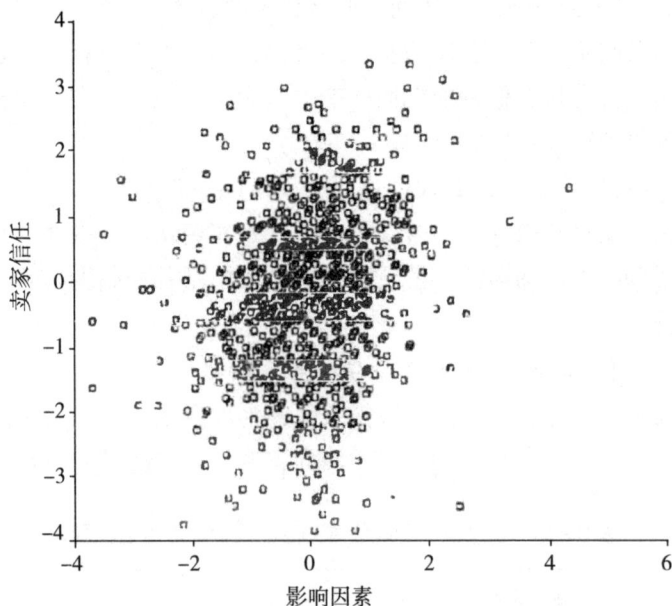

图 6-10　卖家信任的残差散点图

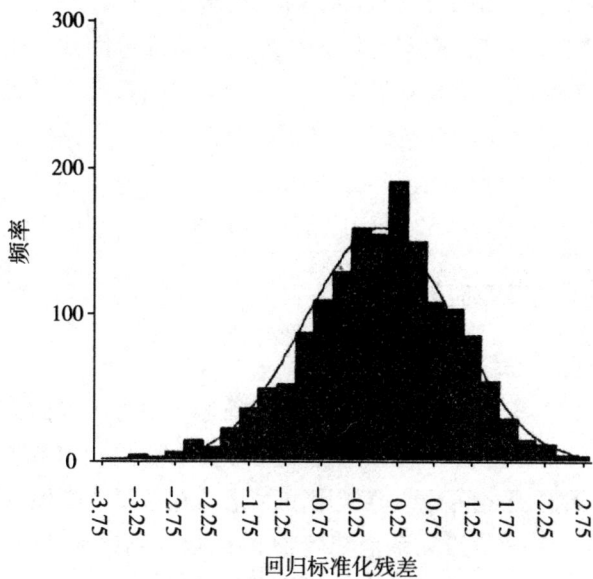

图 6-11　卖家信任残差直方图

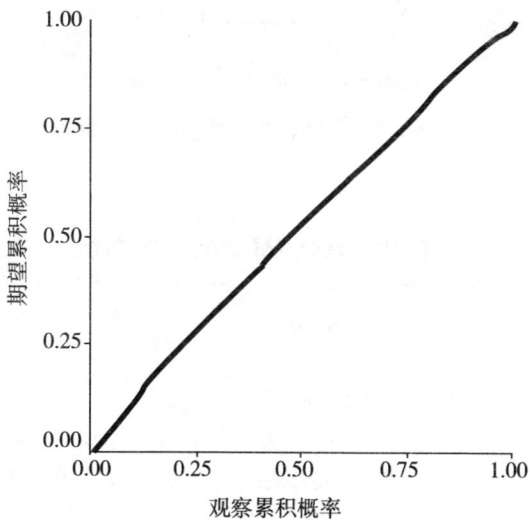

图 6-12　卖家信任标准化残差的概率累计图

表 6-30 表明，卖家的信誉和规模对卖家的信任均有显著影响，而卖家的信誉是进入模型的，说明卖家信誉的偏回归变差（对卖家信任的影响和贡献）最

大。从模型总体来看，回归方程仅能解释总变异的14.1%，这说明影响消费者对卖家信任感知的因素很多，卖家的信誉和规模仅是部分因素。但卖家的信誉和规模对卖家信任的影响达到了非常显著的水平。从回归系数上看，卖家信誉对卖家信任的贡献率更高，卖家的信誉对买家建立卖家信任的影响作用更大。从回归分析标准化系数中可得到标准化回归方程：

$$卖家信任 = 0.257 \times 卖家信誉 + 0.151 \times 卖家规模 \tag{6-3}$$

七、商品类型调节效应的验证

（一）调节效应概述

调节变量和中介变量是两个重要的统计概念，相对于人们关注的自变量和因变量而言，它们都是第三者，且在应用中经常被人混淆。本节主要探讨产品类型在感知风险和购买意图之间的调节作用。因此，有必要清晰地认识调节效应。

如果变量 Y 与变量 X 的关系是变量 M 的函数，则称 M 为调节变量，即 Y 与 X 的关系受到第三个变量 M 的影响。调节变量的模型可以用图 6-13 表示。

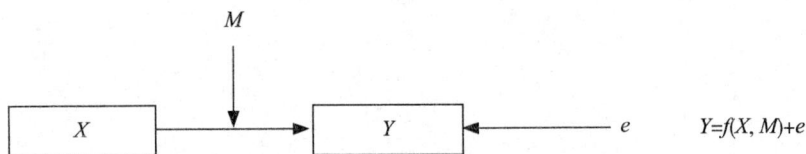

图 6-13　调节变量示意图

为了更好地了解和区分中介变量和调节变量，将两者做一个系统的比较，如表 6-31 所示。

表 6-31　调节变量和中介变量的比较

比较项目	调节变量 M	中介变量 M
研究目的	X 何时影响 Y 或何时影响较大	X 如何影响 Y
关联概念	调节效应、交互效应	中介效应、间接效应
使用情况	X 对 Y 的影响时强时弱	X 对 Y 的影响较强且稳定
典型模型	$Y = aM + bM + cXM + e$	$M = aX + e_2,\ Y = cX + bM + e_3$

续　表

比较项目	调节变量 M	中介变量 M
模型中 M 的位置	X，M 在 Y 前面，M 可以在 X 前面	M 在 X 之后、Y 之前
M 的功能	影响 Y 和 X 之间关系的方向和强弱	代表一种机制，X 通过它影响 Y
M 与 X，Y 的关系	M 与 X，Y 的相关可以显著或不显著	M 与 X，Y 的相关都显著
效应	回归系数 c	回归系数乘积 ab
效应检验	c 是否等于零	ab 是否等于零
检验策略	做层次回归分析，检验偏回归系数的显著性（t 检验）；或者检验测定系数的变化（F 检验）	做依次检验，必要时做边缘检验

调节变量可以是定性的，也可以是定量的，它可影响因变量和自变量之间关系的方向和强弱。变量可能是类别变量，包括定类和定序变量，也可能是连续变量，包括定距和定比变量。对于调节变量的分析方法，温忠麟根据自变量和调节变量的类型进行了归纳，如表 6-32 所示。

表 6-32　调节变量的分析方法

调节变量 M	自变量 X	
	类别变量	连续变量
类别变量	两因素有交互效应的方差分析（ANOVA），交互效应即调节效应	分组回归，按 M 的取值分组，做 Y 对 X 的回归。若回归系数显著，则调节效应显著
连续变量	自变量使用哑变量，将自变量和调节变量中心化，做 $Y=aM+bM+cXM+e$ 的层次回归分析：做 Y 对 X 和 M 的回归，得测定系数 R_1^2；做 Y 对 X、M 和 XM 的回归，得 R_2^2，若 R_2^2 显著高于 R_1^2，则调节效应显著；做 XM 的回归系数检验，若显著，则调节效应显著	将自变量和调节变量中心化，做 $Y=aM+bM+cXM+e$ 的层次回归分析。除了考虑交互效应 XM 外，还可以考虑高阶交互效应项（如 XM^2 表示非线性调节效应，MX^2 表示曲线回归的调节）

本次调研把产品分成搜索品、体验品1（低价格体验品）和体验品2（高价格体验品）三类，分别选择书刊、服装和手机为代表。基于原始模型，对不同商品类型的样本进行分组多元回归，估计自变量和因变量之间的路径系数，并根据差异显著性判断调节效应的作用是否显著。

（二）商品类型与感知风险

本部分研究产品类型的调节效应，目的在于探讨产品类型对感知风险和网络购买意图之间的调节作用，模型如图6-14所示。

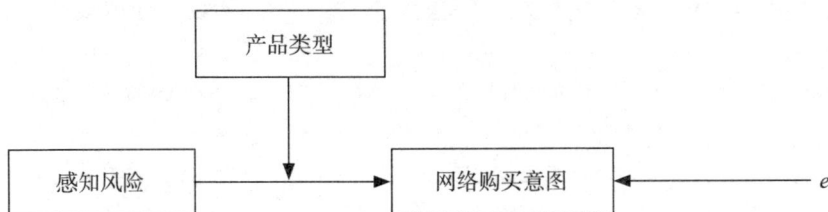

图6-14　产品类别对感知风险和网络购买意愿的调节模型

在进行分组回归分析之前，首先对消费者感知网络购物风险各维度进行信度和效度分析。用克朗巴哈（Cronbach's α）系数来衡量问卷的信度，用探索性因子分析和验证性因子分析方法来验证建构效度，结果如表6-33所示。

表6-33　各维度风险的信度和效度检验

变量／题项	均　值	标准差	因子负荷	Cronbach's α	KMO统计量	Bartlett球形检验值	Sig.	POVEI
来源风险				0.802 0	0.670	1 667.052	0.000	0.596 7
	3.716 9	1.293 4	0.77					
	3.958 8	1.299 3	0.88					
	3.750 6	1.262 2	0.65					
交付风险				0.786 2	0.650	1 698.166	0.000	0.590 0
	3.444 7	1.228 8	0.85					
	3.313 3	1.226 0	0.86					
	3.506 6	1.313 7	0.57					

变量/题项	均 值	标准差	因子负荷	Cronbach's α	KMO 统计量	Bartlett 球形检验值	Sig.	*POVEI*
				0.684 9	0.633	837.764	0.000	0.536 7
财务风险	3.221 9	1.309 6	0.65					
	3.414 4	1.393 3	0.76					
	4.061 3	1.417 3	0.56					
				0.798 5	0.701	1 517.796	0.000	0.573 3
质量风险	5.001 3	1.363 3	0.74					
	4.656 9	1.283 6	0.82					
质量风险	4.578 8	1.316 7	0.70					
				0.798 7	0.696	1 513.143	0.000	0.573 3
隐私风险	3.953 0	1.316 8	0.69					
	4.298 7	1.286 3	0.76					
	4.130 9	1.319 7	0.82					
问卷整体				0.855 0	0.844	9 207.988	0.000	0.574 0

由表 6-33 可以看出，除了财务风险的 Cronbach's α 值略低于 0.7 之外，其余均在 0.75 以上，问卷整体的 Cronbach's α 值为 0.855 0，可见问卷具有较好的内部一致性，设计合理。各变量的 KMO 统计量为 0.633 ~ 0.844，比较适合做因子分析。各载荷系数均大于 0.5 并且在 $p<0.01$ 的条件下具有统计显著性，各变量的 *POVEI* 值均大于 0.5，表明问卷具有良好的收敛效度。同时，各潜变量的 *POVEI* 值均大于变量之间的相关系数 r 的平方，说明各测量题项具有较好的判别效度。

其次，对调研样本进行同质性检验。调研样本中手机样本为 523 个，服装样本为 503 个，书刊样本为 575 个。对这三类样本的人口统计变量进行同质性检验，其结果如表 6-34 所示。

表6-34 样本人口统计变量的同质性检验

同质性	检验方法	书刊—服装		书刊—手机		服装—手机	
		检验值	显著性	检验值	显著性	检验值	显著性
性别	独立样本 t 检验	0.272	0.584	0.876	0.183	0.628	0.214
年龄	独立样本 t 检验	0.587	0.247	1.035	0.154	0.062	0.911
学历	独立样本 t 检验	−2.319	0.088	−0.625	0.514	−1.468	0.058
职业	独立样本 t 检验	0.417	0.519	0.774	0.463	0.735	0.326
月消费水平	独立样本 t 检验	0.394	0.532	0.573	0.662	0.892	0.891

表6-34 的数据显示，三类样本在人口统计变量上无显著差异。

从购买搜寻品到低价格体验品再到高价格体验品，消费者的感知风险水平不断升高。先使用单因素方差分析来检验三种类别产品的感知风险是否存在差异（表6-35）。

表6-35 产品类别对感知风险方差分析

感知风险	书刊 $n=575$	服装 $n=503$	手机 $n=523$	f 值	Sig.
	均值				
来源风险	3.557 5	3.906 2	3.994 2	25.628	0.000***
交付风险	3.312 0	3.355 4	3.596 9	11.228	0.000***
财务风险	3.513 4	3.573 5	3.618 7	1.325	0.266
质量风险	4.407 7	4.852 8	5.014 0	45.670	0.000***
隐私风险	3.989 5	4.195 6	4.217 5	7.227	0.001***

注：*表示 $p < 0.1$；**表示 $p < 0.05$；***表示 $p < 0.01$。

由表6-35 可以看出，除财务风险外，感知风险的其他几个维度（如交付风险、质量风险、隐私风险和来源风险）的 p 值均小于 0.01，说明除财务风险外，三种类别产品的感知风险其他维度存在显著差异。总体上说，三种产品类别的感知风险存在显著差异，且是逐渐上升的。

（三）分组回归分析

以网络购买意愿为因变量，以来源风险、交付风险、财务风险、质量风险和隐私风险为自变量，建立如下回归方程：

$$Y = \alpha + \beta_1 \cdot SR + \beta_2 \cdot DR + \beta_3 \cdot FR + \beta_4 \cdot QR + \beta_5 \cdot IR + e \qquad （6-4）$$

式中：Y 为网络购买意愿；β_i 为回归系数；α 为截距；e 为回归误差项；SR，DR，FR，QR，IR 分别为来源风险、交付风险、财务风险、质量风险和隐私风险，为进入回归方程的 5 个自变量。采用普通多元回归分析方法，采用 5 个变量强制进入的方式进行分析。多重共线性检验和回归分析的结果如表 6-36 ～ 表 6-38 所示。

表 6-36 书刊回归分析结果

	未标准化回归系数		标准化回归系数 β	t 值	Sig.	共线性诊断	
	B	标准误差				Tolerance	VIF
常数项	6.202	0.251		24.714	0.000		
来源风险	−0.001	0.054	−0.001	−0.023	0.981	0.645	1.550
交付风险	−0.075	0.060	−0.067	−1.258	0.209	0.642	1.558
财务风险	−0.212	0.051	−0.195	−4.129	0.000***	0.686	1.457
质量风险	−0.173	0.052	−0.150	3.310	0.001***	0.743	1.347
隐私风险	−0.281	0.050	−0.260	−5.672	0.000***	0.730	1.370
R^2	0.129						
f 值（p 值）	16.793（0.000***）						
Durbin-Watson	1.705						

注：* 表示 $p < 0.1$；** 表示 $p < 0.05$；*** 表示 $p < 0.01$。

表 6-37 服装回归分析结果

	未标准化回归系数		标准化回归系数 β	t 值	Sig.	共线性诊断	
	B	标准误差				Tolerance	VIF
常数项	5.841	0.294		19.890	0.000		
来源风险	−0.041	0.053	0.038	−0.774	0.439	0.747	1.339

交付风险	−0.117	0.056	−0.101	−2.087	0.037**	0.748	1.337
财务风险	−0.224	0.052	−0.208	−4.276	0.000***	0.750	1.334
质量风险	−0.172	0.052	−0.161	−3.326	0.001***	0.756	1.323
隐私风险	−0.229	0.052	−0.207	−4.449	0.000***	0.813	1.229
R^2	0.121						
f 值（p 值）	13.694（0.000***）						
Durbin−Watson	1.779						

注：* 表示 $p < 0.1$；** 表示 $p < 0.05$；*** 表示 $p < 0.01$。

表6-38　手机回归分析结果

	未标准化回归系数		标准化回归系数 β	t 值	Sig.	共线性诊断	
	B	标准误差				Tolerance	VIF
常数项	6.299	0.268		23.508	0.000		
来源风险	−0.156	0.054	−0.142	−2.869	0.004***	0.704	1.420
交付风险	−0.131	0.059	−0.117	2.211	0.027**	0.615	1.625
财务风险	−0.325	0.057	−0.287	−5.671	0.000***	0.671	1.490
质量风险	−0.032	0.051	−0.031	−0.631	0.528	0.727	1.375
隐私风险	−0.035	0.054	−0.034	−0.654	0.513	0.641	1.561
R^2	0.334（0.111）						
f 值（p 值）	12.959（0.000***）						
Durbin−Watson	1.607						

注：* 表示 $p < 0.1$；** 表示 $p < 0.05$；*** 表示 $p < 0.01$。

由以上三表可得出分组回归系数比较结果，如表6-39所示。

表6-39　分组回归系数比较结果

变量	书刊		服装		手机	
	检验值	显著性	检验值	显著性	检验值	显著性
来源风险	−0.001	0.981	−0.038	0.439	−0.142***	0.004
交付风险	−0.067	0.209	−0.101**	0.037	−0.117**	0.027
财务风险	−0.195***	0.000	−0.208***	0.000	−0.287***	0.000
质量风险	−0.150***	0.001	−0.161***	0.001	−0.031	0.528
隐私风险	−0.260***	0.000	−0.207***	0.000	−0.034	0.513

注：* 表示 $p < 0.1$；** 表示 $p < 0.05$；*** 表示 $p < 0.01$。

具有因子结构的不同的样本之间的回归系数比较要分成几种情况：

（1）若不同样本之间的路径系数一个显著，一个不显著，则可以直接比较和判断。

（2）若不同样本之间的路径系数均显著，但影响方向不同，一个是正向显著影响，一个是负向显著影响，则可以直接比较和判断。

（3）若不同样本之间的路径均显著，且方向一致，则要对不同样本路径系数进行统计检验，判断它们之间是否存在显著差异。

（四）调节效应的假设检验

首先，比较搜索品和低价格体验品。表6-39显示，书刊和服装在来源风险方面对网络购买意愿的影响路径系数为 −0.001 和 −0.038，对应的 p 值为0.981和0.439，都没有通过显著性检验。交付风险对网络购买意愿的影响路径系数为 −0.067 和 −0.101，对应的 p 值为0.209和0.037。对于书刊而言，交付风险对网络购买意愿没有显著影响，对于服装来说，则存在显著负向影响。财务风险对网络购买意愿的影响路径系数为 −0.195 和 −0.208，对应的 p 值为0.000和0.000，都通过了显著性检验。根据路径系数和 p 值，可判断两者在感知财务风险方面对购买意愿的影响效果并无显著差异。

其次，比较搜索品和高价格体验品。表6-39显示：对于书刊而言，来源风险和交付风险对网络购买意愿的影响路径都没有通过显著性检验；对于手机而言，两者都通过了显著性检验。财务风险对网络购买意愿的影响路径系数分别为 −0.195 和 −0.287，对应的 p 值为0.000和0.000，都通过了显著性检验。根据

路径系数和 p 值，可判断两者在感知财务风险方面对购买意愿的影响效果存在显著差异。质量风险对购买意愿的回归系数分别为 -0.150 和 -0.031，对应的 p 值为 0.001 和 0.528，一个显著，一个不显著。隐私风险对购买意愿的回归系数分别为 -0.260 和 -0.034，对应的 p 值为 0.000 和 0.513，一个显著，一个不显著。因此，搜索品和高价格体验品感知各维度风险对购买意愿的作用存在显著差异：对于搜索品而言，质量风险和隐私风险对网络购买意愿的作用更大；对于高价格体验品而言，财务风险、来源风险和交付风险对网络购买意愿的作用更大。

从分组回归的结果可以发现，对于服装组来说，来源风险对购买意愿的回归系数没有通过显著性检验，而手机组的回归系数通过了显著性检验。交付风险对网络购买意愿的影响路径系数分别为 -0.101 和 -0.117，对应的 p 值为 0.037 和 0.027，都通过了显著性检验，但是两组的影响效果不存在显著差异。财务风险对购买意愿的影响回归系数分别为 -0.208 和 -0.287，对应的 p 值为 0.000 和 0.000，都通过了显著性检验，但是两组的影响效果差异不显著。高价格体验品和低价格体验品中质量风险、隐私风险对网络购买意愿的回归系数一个显著，一个不显著。因此，对于低价格体验品而言，质量风险和隐私风险对网络购买意愿的作用更大；对于高价格体验品而言，来源风险对网络购买意愿的作用更大。

八、研究结果说明

（一）信任转移

信任倾向是信任主体对其他事物或人的一种总体上的信任评价和基本立场，是一种稳定的个人内在因素。在生活中，我们可以看到有些人比较容易相信他人，有的人则不容易相信别人。当信任的主体对信任的对象一无所知时，信任倾向将在很大程度上影响其最初的判断。检验结果告诉我们，个体信任倾向与网站信任和卖家信任之间没有显著的正相关关系，仅与网络环境信任有显著的正相关关系。这可能是因为信任倾向是一种总体上的信任态度和立场，对信任态度的影响多是宏观层面上的，如对网络环境的宏观信任就会受到信任倾向的影响，对具体网站和具体卖家的信任则是微观层面的，信任倾向对其直接影响并不显著。

消费者对网络交易的信任对网络购物的产生具有重要的决定作用。消费者对网络环境的信任正向影响其对网站平台的信任，而对网站平台的信任又显著影响其对平台中卖家的信任，其路径系数达到了 0.74。消费者对网络卖家不了解的时候，可以选择信誉度高的网站中的卖家进行交易。信任传递是消费者卖家信任形成的一种重要方式。在 C2C 电子商务中，买卖双方之间重复交易的可能性很小，消费者只能通过其他消费者的口碑或网站的推荐等来做出对卖家的信任判断。

C2C电子商务网站作为在线交易市场的中介，虽然不直接参与交易，但确实可以通过制定交易规则、实施交易管理来构建消费者认可的安全和可信的交易环境，从而实现交易双方之间信任的转移，有效促进在线交易市场信任的建立。

（二）网站制度有效性感知与网站信任

消费者感知网站制度的有效性正向影响其对网站的信任。其中，"第三方支付"和"信誉评价"有效性感知对网站信任的直接效应较高，回归系数分别为0.305、0.232；"实名认证"和"互动沟通"有效性感知对网站信任的直接效应相对较低，回归系数分别为0.133、0.138。这说明目前C2C电子商务网站中普遍采用的四种交易管理机制对消费者网站信任的建立影响程度是不同的，但这四种交易管理机制都在促进在线消费者对网站的信任中发挥着积极作用。

独立公正的第三方机构能最大限度地防止外界力量影响交易流程，有力地保证交易结果的公正性、客观性。例如，淘宝网中作为第三方支付平台的支付宝公司通过提供支付担保服务，保证买家收到货物确认无误后再将货款转交给卖家。这为交易双方提供了交易保证，能降低风险，使交易双方获得更多的信任。

信誉评价反映了交易对象过去的行为，为参与方提供了有效的参考。通过声誉传递和共享，利用网络的信息传播速度和广度的优势可以消除信息的不对称性，抑制与约束交易各方的机会主义行为，激励交易双方的诚实行为。信誉评价机制的有效性可以促进交易双方对网站的信任。但由于C2C电子商务平台对其制定的各项规则执行的力度不够，或相关制度在实施的过程中受客观实际的影响执行比较复杂，影响了消费者对其制度有效性的感知，如互动沟通有效性感知的评分普遍偏低。

（三）产品类型的调节效应

实证结果表明，产品类型对感知风险和网络购买意愿的关系有调节作用。

对高价格体验品而言，财务风险对网络购买意愿的影响最大，其次是来源风险，而隐私风险和质量风险对网络购买意愿的影响不显著。对搜索品来说，由于在购买之前可以通过搜索相关信息来了解商品的质量等，质量风险和来源风险等对购买意愿的影响不显著，而隐私风险和财务风险的影响系数比较大且显著。

对于不同类型的产品，消费者在购买之前感知各维度风险是不同的。对于搜索品来说，在购买之前可以通过搜寻、比较等了解商品信息与商品质量等，其感知质量风险较低。对于体验品来说，在购买之前不容易了解到商品的质量，购买的商品与期望有差异，因而其感知质量风险较高。对于高价格的商品来说，财务风险低于低价格商品。消费者通过网络购买高价格商品时更关注财务风险，在购买低价格商品时则更加关注个人隐私会不会被泄露。

第三节　提高信誉反馈的有效性对策

随着网络技术的发展，各 C2C 网站出于自身发展的需要，都进行了有益的探索，构建了一些信誉管理方法，这些方法对 C2C 电子商务的发展起到了不同程度的促进作用。但这些方法基本都是源于"头痛医头，脚痛医脚"的思路，缺乏系统性，还存在一些不足之处。

C2C 电子商务的成功在很大程度上取决于在线信任的建立。信任机制主要有微观卖方的信任、宏观电子商务环境法律体系的信任以及非正式的信任机制。本书主要从非正式信任机制角度讨论电子商务信任的建立。信誉反馈机制、第三方担保服务和实名认证等成为解决信息不对称问题的有效手段。理性的交易人在合理的信誉机制引导下会采取诚信的交易行为，以使自己的长期收益最大化。在前面的研究中，本节从理论和实证两个方面验证了在线信誉反馈系统与第三方担保服务在促进交易信任、消除逆向选择问题中发挥的积极作用，也指出了在线信誉反馈系统和第三方担保服务的缺陷。本节根据前文研究结果，从信誉评价的有效性、科学合理的信誉度评价和提高卖家信誉度三个方面提出一些建议，以提高在线信誉反馈系统的有效性，提高网络交易信任度，吸引更多的人参与到电子商务交易中来。

在线信誉反馈系统是 C2C 电子商务中用于产生和传播信誉的工具，主要是利用以往交易的信息来判断卖家所提供产品或服务的质量、服务态度以及买家支付货款的情况。

在线信誉反馈系统在网上交易中发挥着基础性的作用。本书第四章证明该系统能够在一定程度上解决逆向选择问题，但当卖家能够重新无成本地进入市场时，本系统将失效。所以，信誉反馈系统鼓励买卖双方在交易完成之后对其交易对象进行信用评价，其他买家或卖家都可以看到潜在交易对象的信用评价，然后决定是否与其进行交易。通过在线信誉反馈系统，声誉机制可以发挥作用。因此，我们必须从制度层面解决信誉反馈系统问题，包括以下五个方面。

一、提高买家评价率

买家是卖家信誉的感知者和体验者，因此买家对卖家的信誉最有发言权，但目前不少买家并没有意识到自己的评价既可以约束和规范卖家信誉，又可以为其他买家提供重要的参考，因此往往为了省事图方便，不愿意根据自己的购买过程对卖家信誉进行评价，这种局面会严重地影响信誉反馈系统的有效性。因此，提高买家评价率是从制度上构建信誉反馈系统的重要策略之一。实现该策略可以采用多种方法，如采取抽奖的方式奖励买家评价，凡是在交易完成后对卖家进行评价超过指定字数的（以防止其敷衍），均可参加抽奖，抽中的买家可获得该网站提供的丰厚奖品，也可以对认真评价的买家进行积分，积分到一定程度即可获得奖品，还可以对进行评价的买家赠送代金券等，以刺激买家提高评价率，从而对构建信誉反馈系统起到促进作用。

另外，可在评价栏内增加一栏，叫"放弃评价"，如果用户选择了这一条，就相当于选择放弃对对方的评价；也可以采用默认的方法，即如果交易一方或双方在一定期限内不做出评价，系统就默认其放弃了评价。放弃评价交易的次数要在卖家信用信息中显示出来，只是这类交易的细节不被显示。

二、丰富买家评价内容

目前，C2C电子商务网站所使用的评价模型过于简单，只有好评、中评、差评三个等级，虽然可以通过留言进行更详细的评价，但大多数用户都觉得比较麻烦，很少给出比较详细的评价，评价的内容大都雷同。因此，丰富评价内容，加入评价分类表会对构建信誉反馈系统起到丰富和完善的作用。

此外，还要对买家认真评价行为进行激励。我们不仅要鼓励买家每次购买都进行评价，提高其评价率，还要对其评价的认真程度有所反馈，对于认真评价的顾客予以奖励，通过物质刺激来鼓励其认真、全面地填写评价内容，而不是简单地选择该项服务好还是不好。同时，对那些认真评价、丰富买家评价内容的买家进行精神鼓励，如评选优秀顾客、星级顾客等，当他们每次交易都有丰富的评价内容时或达到一个合理的标准时，即让他们成为优秀顾客或者星级顾客，在以后的网络购物中享受星级待遇。这样物质和精神奖励相结合，可鼓励买家认真、全面地填写评价内容，从而丰富买家的评价内容，完善信誉反馈系统。

三、信誉可有偿转让

由本书第四章可知，如果交易一方知道双方的交易是短暂的、一次性的，就不会为未来考虑，因为信誉系统的作用就是完全靠交易方寄希望于未来的收益来约束其现在的行为，如果交易方没有未来，就没有约束。

此外，个人信用分数在网上交易中是不允许转让的，这是出于多种因素的考虑，但是这也存在一个问题：如果一个交易方的信誉较高，由于各种原因，其不想再进行交易了，在后期就会欺诈获得超额收益。如果用户的信誉可转让，那么这个交易者就能把他的声誉卖一个好价钱，也就愿意去维护这个信誉。如果存在信誉转让的交易，就可以使其交易链无限增长，并反映在其价值上。因此，信誉的可转移可以通过信誉反馈系统成为约束和提升卖家信誉的动力源泉。

信誉可转移的最好平台是信誉的评价一致且可通用，当信誉反馈系统达到完善的阶段，使各大网站的信誉评价标准一致时，卖家的信誉将在整个网络世界有统一标准，这有利于对其进行评判。同时，信誉通用使用户的信誉度在各大网站都可以共享，可以全面约束卖家行为，提升卖家和网站的信誉。

四、限制身份更正

据本书第四章可知，买卖双方如果可以不断更换其身份，就相当于每次都是单次交易。如果买卖双方的交易只进行一次，每个参与者都关心一次性的支付，就没什么信誉可言，这就相当于卖家和买家都在匿名的情况下交易，谁都没有品牌意识。因此，限制身份也是构建信誉反馈系统的重要举措。

首先，限制买家的身份更正，如实行实名认证或者身份证登录等，使买家的身份无法随意更正，从而规范自己的网络行为，对自己的网络评价负责任。其次，限制卖家身份更正，使卖家珍惜自己的品牌，产生品牌意识，从而在产品质量及其服务等多方面提升顾客满意度及其信誉度。卖家的限制身份更正和信誉转移结合起来会使卖家对自身信誉的珍视加倍。

五、增加"老顾客信誉"

一般而言，两个账户之间在相近的时间内不可能发生多笔交易，因此网站对老顾客信誉的积分应有一个时间间隔的控制。例如，规定在五天内两个账户之间的多次交易只能记录一次评价，或者规定两个账户之间的第二次交易不计入信誉积分，都会增加信誉评价中的噪声。因此，可在卖家信誉和买家信誉之外再设一个"老顾客信誉"，专门用于统计回头客的数量，凡是第二次以上的交易对象给予的评价都累积到"老顾客信誉"中，买家可以通过查看"老顾客信誉"评价对卖家进行判断。

▶▶参 考 文 献◀◀

[1] 陈平.电子商务 [M].北京：中国传媒大学出版社，2018.

[2] 董德民.电子商务 [M].北京：中国水利水电出版社，2017.

[3] 周桂林.基于社区认同的电子商务信任模型 [M].哈尔滨：黑龙江大学出版社，
2012.

[4] 李道全.电子商务信任管理模型与方法研究 [D].青岛：山东科技大学，2011.

[5] 王红新.新兴电子商务环境下的柔性支付模型研究 [D].大连：大连理工大学，
2013.

[6] 程振宇.社交网络下网络互动对购买意愿影响及信任保障机制研究 [D].北京：
北京邮电大学，2013.

[7] 肖冰果.移动商务信任资源动态管理研究 [D].长沙：中南大学，2013.

[8] 李存超.电子商务平台服务质量对品牌资产的影响机理研究 [D].济南：山东大
学，2014.

[9] 杨翾.感知风险和信任对互联网理财产品消费行为的影响机理研究 [D].南昌：
南昌大学，2016.

[10] 杨兴寿.电子商务环境下的信用和信任机制研究 [D].北京：对外经济贸易大学，
2016.

[11] 王碧芳.C2C 交易中卖家信誉对顾客购买意愿的影响机制研究 [D].杭州：浙江
工商大学，2013.

[12] 陈洋.社会化电子商务用户推荐对消费者购买意愿的影响研究 [D].北京：北京
邮电大学，2013.

[13] 张诗臻. B2C 电子商务中消费者心流体验对购买意愿影响的实证研究 [D]. 杭州：浙江理工大学，2013.

[14] 李玉萍. 网络购物顾客重购意愿影响因素的实证研究 [D]. 成都：西南交通大学，2015.

[15] 肖哲晖. 电子商务环境下生鲜农产品消费者信任研究 [D]. 武汉：华中科技大学，2015.

[16] 葛虹. B2C 电子商务平台的物流服务质量对顾客忠诚的影响研究 [D]. 泉州：华侨大学，2014.

[17] 范璞. B2B 电子商务诚信问题研究 [D]. 成都：西南财经大学，2014.

[18] 赵文静. 基于移动电子商务的消费者信任影响因素分析 [D]. 昆明：云南财经大学，2014.

[19] 车小玲. 消费者对移动医疗的信任及其采纳研究 [D]. 长沙：中南大学，2013.

[20] 陈莎. 社会化电子商务网购信任影响因素及信任对口碑传播的影响研究 [D]. 长沙：中南大学，2013.

[21] 陈昌根. O2O 模式下电子商务用户接受影响因素实证研究 [D]. 北京：北京邮电大学，2014.

[22] 甘早斌，曾灿，马尧，等. 基于信任网络的 C2C 电子商务信任算法 [J]. 软件学报，2015，26(8)：1946–1959.

[23] 汪健. 中小企业对第三方电子商务网站的初始信任影响因素研究 [D]. 杭州：杭州电子科技大学，2014.

[24] 郑静. B2C 在线信任对消费者购买意向影响研究 [D]. 北京：首都经济贸易大学，2014.

[25] 胡丽娟. 第三方社会化电子商务平台的用户信任行为及其影响因素研究 [D]. 武汉：华中师范大学，2014.

[26] 张晨. 我国 C2C 电子商务消费者信任影响因素研究 [D]. 沈阳：沈阳理工大学，2013.

[27] 李丹. 基于位置的 O2O 电子商务用户接受影响因素研究 [D]. 北京：北京邮电大学，2013.

[28] 陈霖. 基于云模型的 B2C 电子商务信任评价研究 [D]. 北京：北京化工大学，2013.

[29] 施舒. C2C 移动电子商务中顾客信任影响因素及测度研究 [D]. 杭州：浙江工业大学，2012.

[30] 徐小伟 . 基于信任的协同过滤推荐算法在电子商务推荐系统的应用研究 [D]. 上海：东华大学，2013.

[31] 茅彦青 . 电子商务环境下快递企业的顾客忠诚度研究 [D]. 南京：南京邮电大学，2013.

[32] 周涛 . 面向交易全过程的电子商务信任研究 [D]. 武汉：华中科技大学，2007.

[33] 刁塑 . 新兴电子商务消费者隐私关注与采纳行为研究 [D]. 北京：北京邮电大学，2010.

[34] 吴洁倩 . 平台类购物网站信任和购物行为的影响因素及其作用机理实证研究 [D]. 上海：复旦大学，2011.

[35] 赵天水 . 基于感知风险的跨境电商平台消费者信任对购买意愿的影响 [D]. 上海：东华大学，2016.

[36] 陈晓曼 . O2O 移动餐饮外卖顾客信任评价体系研究 [D]. 北京：北京交通大学，2016.

[37] 陈晨 . 电子商务交易过程中信任评价的关键问题研究 [D]. 北京：北京交通大学，2017.

[38] 吴莲 . 移动社交电子商务用户使用意愿研究 [D]. 西安：西北大学，2017.

[39] 丁宇 . 社会化电子商务消费者初始信任影响因素研究 [D]. 长春：吉林大学，2017.

[40] 杨丹 . 基于社交电商网络的潜在信任关系研究 [D]. 北京：北京邮电大学，2017.

[41] 查金祥 . B2C 电子商务顾客价值与顾客忠诚度的关系研究 [D]. 杭州：浙江大学，2006.

[42] 熊焰 . 消费者初次网络购物信任和风险问题研究 [D]. 上海：同济大学，2007.

[43] 刘悦辰 . 网络团购消费者信任影响因素建模及实证研究 [D]. 秦皇岛：燕山大学，2013.

[44] 甘洋 . B2C 环境下网站特性对消费者信任及购买意愿影响研究 [D]. 哈尔滨：哈尔滨工业大学，2013.

[45] 刘佩珊 . 基于电子商务环境中的微博互动对消费者网购行为的影响的研究 [D]. 成都：西南财经大学，2013.

[46] 王新丽 . 第三方支付平台自助游用户继续使用意愿研究 [D]. 杭州：浙江大学，2014.

[47] 冯超 . 电子商务个性化推荐的用户信息采纳影响因素研究 [D]. 武汉：华中师范大学，2015.

[48] 曾贵川 . 移动电子商务环境下团购网消费者信任影响因素研究 [D]. 昆明：云南
　　 财经大学，2015.

[49] 葛飞 . 社会化电子商务背景下微博用户购买意愿与信任机制研究 [D]. 南京：南
　　 京邮电大学，2018.

[50] 陈蕾，王瑞梅 . 社会化电子商务下社交网络平台消费者网购意愿实证分析——
　　 基于信任转移视角 [J]. 商业经济研究，2016(23)：65–67.

[51] 黄慧 . 消费者信任的电商品牌模型构建研究 [D]. 长沙：湖南大学，2014.